André Fillion

Vision sans division

André Fillion

Vision sans division

Onze messages pour l'édification

Éditions Croix du Salut

Impressum / Mentions légales
Bibliografische Information der Deutschen Nationalbibliothek: Die Deutsche Nationalbibliothek verzeichnet diese Publikation in der Deutschen Nationalbibliografie; detaillierte bibliografische Daten sind im Internet über http://dnb.d-nb.de abrufbar.
Alle in diesem Buch genannten Marken und Produktnamen unterliegen warenzeichen-, marken- oder patentrechtlichem Schutz bzw. sind Warenzeichen oder eingetragene Warenzeichen der jeweiligen Inhaber. Die Wiedergabe von Marken, Produktnamen, Gebrauchsnamen, Handelsnamen, Warenbezeichnungen u.s.w. in diesem Werk berechtigt auch ohne besondere Kennzeichnung nicht zu der Annahme, dass solche Namen im Sinne der Warenzeichen- und Markenschutzgesetzgebung als frei zu betrachten wären und daher von jedermann benutzt werden dürften.

Information bibliographique publiée par la Deutsche Nationalbibliothek: La Deutsche Nationalbibliothek inscrit cette publication à la Deutsche Nationalbibliografie; des données bibliographiques détaillées sont disponibles sur internet à l'adresse http://dnb.d-nb.de.
Toutes marques et noms de produits mentionnés dans ce livre demeurent sous la protection des marques, des marques déposées et des brevets, et sont des marques ou des marques déposées de leurs détenteurs respectifs. L'utilisation des marques, noms de produits, noms communs, noms commerciaux, descriptions de produits, etc, même sans qu'ils soient mentionnés de façon particulière dans ce livre ne signifie en aucune façon que ces noms peuvent être utilisés sans restriction à l'égard de la législation pour la protection des marques et des marques déposées et pourraient donc être utilisés par quiconque.

Coverbild / Photo de couverture: www.ingimage.com

Verlag / Editeur:
Éditions Croix du Salut
ist ein Imprint der / est une marque déposée de
AV Akademikerverlag GmbH & Co. KG
Heinrich-Böcking-Str. 6-8, 66121 Saarbrücken, Deutschland / Allemagne
Email: info@editions-croix.com

Herstellung: siehe letzte Seite /
Impression: voir la dernière page
ISBN: 978-3-8416-9812-4

Copyright / Droit d'auteur © 2012 AV Akademikerverlag GmbH & Co. KG
Alle Rechte vorbehalten. / Tous droits réservés. Saarbrücken 2012

Avant-propos

J'avais quatorze ans lorsque m'est venu le désir de devenir écrivain. Je me suis essayé au théâtre, à la poésie, au roman, j'ai commencé beaucoup de choses et en ai achevé très peu.
Il est remarquable que les enfants qui disent : « Quand je serai grand, je serai cosmonaute », placent la barre beaucoup plus bas quand ils deviennent adultes. Ce fut mon cas. Moi qui me voyais déjà publié chez Gallimard et qui imaginais mon buste de bronze entre celui de Molière et celui de Victor Hugo, j'ai du apprendre la modestie, et surtout, prendre conscience de ma médiocrité.
Réalisant que je n'avais aucune chance de réaliser mon rêve, j'ai commencé à glisser dans une dépression qui m'a conduit à la tentative de suicide.
C'est au terme de ce déclin que j'ai rencontré Jésus-Christ et l'ai accepté comme Sauveur. C'était en Juillet 1978. J'avais alors vingt-quatre ans.
J'ai rapidement réalisé que je devais servir le Seigneur, mais pas comme écrivain, car j'avais autrefois surestimé mon talent. J'ai donc voulu devenir pasteur. J'ai suivi une formation dans une école biblique, qui se situait alors à Bièvres.
En 1984, j'ai épousé Josiane, native de la Réunion, et nous avons eu trois enfants.
Le Seigneur n'a pas permis que je le serve, comme je l'avais d'abord souhaité, dans un ministère « officiel », à plein temps, mais il m'a appris à me satisfaire d'un service bénévole dans le cadre d'un projet d'implantation. J'exerce le métier de facteur dans l'Eure-et-Loir.
J'avais totalement abandonné mon projet de devenir écrivain. Ce n'est qu'au bout de trente ans que m'est venu l'idée de composer une saynète, puis une deuxième. C'était reparti !
J'ai publié aux éditions Bénévent « Sylduria », fruit de plusieurs années de travail. C'est l'histoire d'une jeune princesse rebelle et bagarreuse qui s'enfuit du royaume se Syldurie, après avoir délesté son père de sa « part d'héritage » pour aller mener à Paris la vie dont elle rêvait. De sa suite à l'hôtel Georges V à son carton boulevard Rochechouart, la chute sera rapide. Heureusement, elle se souviendra de la parabole du fils perdu. Transformée par l'Évangile et devenue reine de ce curieux royaume balkanique, elle n'est pas au bout de ses aventures.
J'ai aussi écrit quelques poésies sacrées et profanes, quelques pièces de théâtre, dont « la Grappe de Raisin » et « Vania Moïsséiev », pour la mémoire des victimes de la persécution en U.R.S.S. et Naaman, une pièce en vers.

Enfin, dans un genre littéraire plus « conventionnellement évangélique », j'ai publié aux édition L'Oasis « Rendez-vous à Golgotha » : une compilation de prédications pour l'évangélisation.
Voici maintenant « Vision sans division » : dix message pour l'édification des chrétiens.

Je vous invite à découvrir mes autres écrits sur www.lilianof.fr

Hérode et Jean-Baptiste

Le roi Hérode entendit parler de Jésus, dont le nom était devenu célèbre, et il dit : Jean Baptiste est ressuscité des morts, et c'est pour cela qu'il se fait par lui des miracles. D'autres disaient : C'est Elie. Et d'autres disaient : C'est un prophète comme l'un des prophètes. Mais Hérode, en apprenant cela, disait : Ce Jean que j'ai fait décapiter, c'est lui qui est ressuscité. Car Hérode lui-même avait fait arrêter Jean, et l'avait fait lier en prison, à cause d'Hérodias, femme de Philippe, son frère, parce qu'il l'avait épousée, et que Jean lui disait : Il ne t'est pas permis d'avoir la femme de ton frère. Hérodias était irritée contre Jean, et voulait le faire mourir. Mais elle ne le pouvait ; car Hérode craignait Jean, le connaissant pour un homme juste et saint ; il le protégeait, et, après l'avoir entendu, il était souvent perplexe, et l'écoutait avec plaisir. Cependant, un jour propice arriva, lorsque Hérode, à l'anniversaire de sa naissance, donna un festin à ses grands, aux chefs militaires et aux principaux de la Galilée. La fille d'Hérodias entra dans la salle ; elle dansa, et plut à Hérode et à ses convives. Le roi dit à la jeune fille : Demande-moi ce que tu voudras, et je te le donnerai. Il ajouta avec serment: Ce que tu me demanderas, je te le donnerai, serait ce la moitié de mon royaume. Etant sortie, elle dit à sa mère : Que demanderais-je ? Et sa mère répondit : La tête de Jean-Baptiste. Elle s'empressa de rentrer aussitôt vers le roi, et lui fit cette demande : Je veux que tu me donnes à l'instant, sur un plat, la tête de Jean-Baptiste. Le roi fut attristé ; mais, à cause de ses serments et des convives, il ne voulut pas refuser. Il envoya sur-le-champ un garde, avec ordre d'apporter la tête de Jean-Baptiste. Le garde alla décapiter Jean dans la prison, et apporta la tête sur un plat. Il la donna à la jeune fille, et la jeune fille la donna à sa mère. Les disciples de Jean, ayant appris cela, vinrent prendre son corps, et le mirent dans un sépulcre.

Marc 6:14/29

J'aimerais, à travers ce texte, mettre en évidence deux catégories de personnages, mais surtout deux catégories d'attitudes et de mentalités : D'une part celle de Jean-Baptiste, l'homme de Dieu qui perdit la vie par amour de la vérité ; d'autre part, celle d'Hérode, qui perdit son âme par amour des femmes. Hérode et son entourage, dont la vie est guidée par l'égoïsme, sont prêts à toutes les trahisons pour avoir les premières places. Ce sont des opportunistes.

L'opportunisme fait partie de la vie quotidienne. Vous connaissez sans doute des opportunistes dans votre famille. Ceux-ci n'hésiteront pas à vous poignarder dans le dos pour remporter votre part d'héritage. Vous les rencontrez tous les jours dans votre travail : Ils veulent prouver qu'ils sont les meilleurs en faisant passer leurs collègues pour des incompétents.

Les opportunistes, carriéristes et arrivistes de tout poil sont présents partout ; cette sinistre mentalité mondaine n'est-elle pas aussi présente, quelquefois, dans le peuple de Dieu ?

Hérode est un très bel exemple d'opportuniste. Au fait ! Quel Hérode ?

Il s'agit ici d'Hérode Antipas, l'un des fils d'Hérode le Grand, de triste mémoire, frère d'Archélaüs son successeur. Ces deux rois sont mentionnés en *Matthieu 2.22*.

Hérode Antipas était Tétrarque de Galilée. Il épousa la fille d'Arètas, roi d'Arabie, puis il la répudia pour épouser sa nièce Hérodias, ou Hérodiade.

À l'occasion de son anniversaire, il donna de grandioses réjouissances au cours desquelles, non content d'avoir pris la femme de son frère, il s'éprit de la fille de celle-ci : le coup de foudre !

Hérode craignait Jean : le verset 20 nous informe qu'il reconnaissait en lui un vénérable serviteur de Dieu, un prophète, et comme il était d'usage, pour un monarque, de s'entourer des meilleurs poètes, comédiens, penseurs et philosophes du royaume, il avait certainement accueilli Jean-Baptiste à ce titre. Il le reconnaissait comme *un homme juste et saint*, réalisant sans aucun doute que ces deux vertus ne proliféraient pas dans son palais. Il reconnaissait aussi la différence évidente entre les paroles de ce prophète et le verbiage insipide des philosophes de la cour. Il savait aussi opposer à la flatterie intéressée des courtisans la franchise de Jean-Baptiste. Il avait compris toutes ces choses mais il lui manquait le courage de prendre position.

Jean lui disait des choses qu'aucun de ses barons n'aurait osé lui dire : que tout roi qu'il était, c'était un pécheur, et que la colère de Dieu s'abattrait sur lui s'il ne se repentait pas. Hérode était secoué quand le prophète lui parlait avec une telle assurance de Dieu et de sa justice. Il l'écoutait même avec plaisir : « Ça c'est un homme qui a des tripes au ventre, pour parler ainsi ! » Malheureusement pour lui, toute l'homilétique de Jean-Baptiste n'était qu'une belle musique. Malgré ses appels répétés, il ne s'engageait pas pour Dieu. De quoi aurait-il l'air, devant ses courtisans, et devant Hérodias, s'il confessait ses péchés ?

Après avoir prononcé ces paroles insensées, au verset 26, nous le voyons tout triste de devoir faire décapiter l'homme de Dieu, car il savait que le peuple avait reconnu en lui un grand prophète et craignait que sa cote royale ne baisse dans les sondages.

Il pouvait, en tant que roi, sauver ou retirer la vie, mais il ne pouvait écouter son cœur, après avoir prêté serment, dans un élan amoureux et, n'en doutons pas, sous l'emprise de la boisson : Un tel parjure aurait porté préjudice à sa carrière politique. Il choisit donc de sacrifier Jean-Baptiste.

Hérodias est la fille d'Aristobule, fils d'Hérode le grand, donc frère d'Hérode Antipas. Outre Archélaüs, Hérode Antipas avait deux autres frères : Hérode Philippe dit le Béotien, et Hérode Philippe le Tétrarque, mentionné en *Luc 3.1*

Hérodias épousa en première noce son oncle Philippe le Béotien nommé au verset 17. Mais celui-ci étant tombé en disgrâce, elle comprit que si elle restait avec son mari, elle pouvait tirer un trait sur les bijoux, les manteaux de fourrures et les grandes soirées mondaines. Elle le quitta donc pour épouser Hérode Antipas, qui avait su si bien tirer parti de la situation et qui était seul en mesure de lui assurer la promotion sociale tant désirée.

Comme vous pouvez le constater, dans la famille Hérode, tout est extrêmement simple. Que ceux qui n'ont pas compris lèvent le doigt.

Contrairement à son second mari, elle ne prenait aucun plaisir à écouter Jean-Baptiste. Elle trouvait ses sermons moralisateurs et ennuyeux. Elle ne tolérait surtout pas qu'un prédicateur lui donne des leçons sur sa conduite et, quand Jean-Baptiste a osé dire qu'Hérode n'avait pas le droit d'épouser la femme de son frère, la coupe a débordé, elle n'a pas digéré le compliment et a décidé de se venger.

Mais comment faire, puisque son mari tenait tellement à le protéger ? Elle trouva une solution quand Hérode s'éprit soudainement de sa fille.

Le Nouveau-Testament ne dévoile pas le nom de cette fatale créature, mais nous savons par d'autres sources qu'elle se nommait Salomé.

Salomé dansa.

N'essayez surtout pas de l'imaginer en petit rat de l'Opéra, moulée dans un tutu et chaussée de ballerines. Ne vous la représentez pas non plus en danseuse de tango argentin. Vous pensez plutôt à la lambada ? Vous y êtes presque !

Pour ce genre de festivités, il était de coutume de recruter des danseuses parmi les femmes de mauvaise vie, qui moyennant salaire, dévoilaient à la noblesse leurs talents chorégraphiques. Reconnaissons que pour une princesse, le rôle n'était pas très valorisant. Mais comme le déclarait Albert Camus : « Il est plus facile de descendre l'échelle sociale que de la remonter ».

Comme nous l'avons dit, son exhibition lui a valu la faveur du jury puisque le roi Hérode, n'ayant d'yeux que pour elle, lui dit publiquement et sous serment : *« Ce que tu me demanderas, je te le donnerai, serait-ce la moitié de mon royaume. »*

Voilà Salomé bien embarrassée : une couronne contre une danse, l'occasion ne se présente pas tous les jours. Il lui fallait demander conseil.

Elle aurait pu évidemment demander conseil à un serviteur de Dieu qui lui aurait répondu : « Demande-lui la libération de Jean-Baptiste, ainsi tu auras fait au moins une bonne action dans ta vie. »

Elle préféra le conseil d'une femme impie : Sa mère Hérodias, celle-ci, n'écoutant que sa haine, lui fit la suggestion que l'on sait.

La simple intelligence humaine l'aurait conduite à prendre à la lettre les paroles du tonton soupirant, tant pis pour lui s'il avait bu un hanap de trop quand il les a prononcées. A la royauté qui lui était offerte, elle a préféré ce cadeau sanglant. Combien, pour satisfaire leurs désirs charnels, ont refusé la royauté céleste que Jésus-Christ leur offrait gratuitement !

La belle Salomé épousera finalement Philippe le Tétrarque, son grand oncle, si bien que l'arbre généalogique des Hérode a des branches qui s'entremêlent avec les racines.

Cette sinistre famille Hérode a fait des émules non seulement dans le monde, mais aussi dans les églises. Chrétiens opportunistes.

Ils forment des clans, des rivalités des divisions. Ils sont zélés pour visiter les membres de l'église, le plus souvent à l'insu du pasteur et des anciens, pour les gagner à leur cause charnelle. Tels Absalom, ils vont flatter les mécontents, leur disant : « Si seulement j'étais pasteur à la place de l'autre, il y aurait du changement dans cette assemblée ! »

Ils achètent la conscience des frères par toutes sortes de gentillesses intéressées.

Servir le Seigneur dans un ministère à plein temps présente des avantages pour le corps de Christ local, mais je dois reconnaître que les conducteurs spirituels qui, comme moi, travaillent de leurs mains ont un immense privilège : ils ne dépendent pas financièrement de l'assemblée et sont à l'abri des chantages. « Il ne faut pas contredire un tel. Tant pis si sa conduite est répréhensible et s'il égorge les brebis : Il donne 300 Euros d'offrande par mois, si nous perdons ce client-là, je retourne à l'A.N.P.E. »

Chers enfants du Seigneur, ne vous laissez pas impressionner par les Hérode, ni par les Hérodiade qui vous entourent, leur jugement sera extrêmement sévère.

Pardonnez-moi si je me suis tant étendu sur la sinistre famille Hérode, et si je n'ai, somme toute que peu de choses à dire de l'homme de Dieu, sinon : Jean-Baptiste a été un modèle, suivons son exemple.

Comme nous l'avons vu au verset 20, Jean-Baptiste avait probablement « ses entrées » chez Hérode. Je ne suis pas persuadé que le prophète, qui s'habillait de poils de chameau et se nourrissait de sauterelles et de miel sauvage appréciait tellement les fastes de la cour, mais il y était introduit et avait saisi l'occasion de s'y présenter comme témoin de Christ.

Ne doutons pas qu'il y ait rencontré maints chambellans qui lui ont prodigué des leçons de diplomatie : « Je sais que tu n'approuveras pas tout ce que fait Hérode, mais dans ton intérêt, ferme un peu les yeux. Tu as trouvé là une possibilité de te faire une place au soleil, prends garde, par une parole désobligeante de ne pas finir tes jours à l'ombre ».

Mais Jean-Baptiste connaissait sa mission. Il avait un message, le Seigneur attendait de lui qu'il prêche toute la vérité, qu'elle soit agréable à entendre ou non. Lui-même avait-il la crainte de déplaire aux hommes lorsqu'il invectivait les pharisiens et les sadducéens ?

Mais, voyant venir à son baptême beaucoup de pharisiens et de sadducéens, il leur dit : Races de vipères, qui vous a appris à fuir la colère à venir ? Produisez donc du fruit digne de la repentance, et ne prétendez pas dire en vous-mêmes : Nous avons Abraham pour père ! Car je vous déclare que de ces pierres-ci Dieu peut susciter des enfants à Abraham.

Matthieu 3:7/9

Sa franchise lui a d'abord coûté la liberté, elle lui a finalement coûté la vie.
Comment aurait-il pu prêcher au peuple la repentance, et comment aurait il pu baptiser quelque pécheur si, pour s'attirer les faveurs et éviter les difficultés, il était resté dans cette cour royale sans censurer les méfaits d'Hérode ? Son ministère aurait bien sûr perdu toute sa crédibilité.
Jean-Baptiste arbore la même conduite que le divin Fils dont il est le précurseur. Jésus nous a donné l'exemple, quand le diable lui a montré tous les royaumes de la terre et lui a promis de les lui offrir, Jésus n'a-t-il pas répondu :
Retire-toi, Satan ! Car il est écrit : Tu adoreras le Seigneur, ton Dieu, et tu le serviras lui seul.

Matthieu 4:10

Devant le puissant Caïphe et tout le Sanhédrin, Jésus, invité à se rétracter, afin d'éviter le supplice infamant de la croix, réaffirme plus que jamais sa divinité :
Les principaux sacrificateurs et tout le sanhédrin cherchaient quelque faux témoignage contre Jésus, suffisant pour le faire mourir. Mais ils n'en trouvèrent point, quoique plusieurs faux témoins se soient présentés. Enfin, il en vint deux, qui dirent : Celui-ci a dit : Je puis détruire le temple de Dieu, et le rebâtir en trois jours. Le souverain sacrificateur se leva, et lui dit : Ne réponds-tu rien ? Qu'est-ce que ces hommes déposent contre toi ? Jésus garda le silence. Et le souverain sacrificateur, prenant la parole, lui dit: Je t'adjure, par le Dieu vivant, de nous dire si tu es le Christ, le Fils de Dieu. Jésus lui répondit : Tu l'as dit. De plus, je vous le déclare, vous verrez désormais le Fils de l'homme assis à la droite de la puissance de Dieu, et venant sur les nuées du ciel.

Matthieu 26:59/64

Humble serviteur de Jésus-Christ, tu es entouré d'Hérode aux dents longues, que ce soit dans ta vie familiale, ta vie professionnelle ou ta vie spirituelle. Mais Jésus marche devant toi, suis son exemple, tout comme celui de Jean-Baptiste. Nombreuses seront les tentations d'accepter des compromis et de fermer les yeux sur le péché, mais sache que ton Dieu te rendra plus que vainqueur si tu acceptes jusqu'au bout, de servir son message de vérité.
Et maintenant, est-ce la faveur des hommes que je désire, ou celle de Dieu? Est-ce que je cherche à plaire aux hommes ? Si je plaisais encore aux hommes, je ne serais pas serviteur de Christ.

Galates 1:10

La colère du Fils aîné

Or, le fils aîné était dans les champs. Lorsqu'il revint et approcha de la maison, il entendit la musique et les danses. Il appela un des serviteurs, et lui demanda ce que c'était. Ce serviteur lui dit : Ton frère est de retour, et ton père a tué le veau gras, parce qu'il l'a retrouvé en bonne santé. Il se mit en colère, et ne voulut pas entrer. Son père sortit, et le pria d'entrer. Mais il répondit à son père : Voici, il y a tant d'années que je te sers, sans avoir jamais transgressé tes ordres, et jamais tu ne m'as donné un chevreau pour que je me réjouisse avec mes amis. Et quand ton fils est arrivé, celui qui a mangé ton bien avec des prostituées, c'est pour lui que tu as tué le veau gras ! Mon enfant, lui dit le père, tu es toujours avec moi, et tout ce que j'ai est à toi; mais il fallait bien s'égayer et se réjouir, parce que ton frère que voici était mort et qu'il est revenu à la vie, parce qu'il était perdu et qu'il est retrouvé.

Luc 15:25/32

La parabole des deux fils est un texte biblique bien connu. Le récit du fils prodigue aura été prêché par des milliers d'évangélistes. Mais on connaît bien moins l'histoire du second fils, celui qui était resté bien gentiment à la maison.
Aucun des deux frères n'était le favori du père, tous deux ont bénéficié du même amour. L'un comme l'autre était promis au salut éternel, mais pour y parvenir, ils ont suivi chacun une voie différente. L'un a vagabondé sur une route pleine de détours, l'autre ne s'est jamais écarté du droit chemin.
Dieu fait-il une différence entre le chrétien qui est resté dès l'enfance sur les bancs de l'église et celui qui, avant de rencontrer Christ s'est fourvoyé dans les profondeurs du péché ? Certains le croient. C'est du moins le cas du fils aîné chez lequel on observe trois attitudes répréhensibles.
Tout d'abord, il ne se réjouit pas du salut de son frère (verset 28) :
Le fils aîné n'a pas le vécu de son frère qui était sorti dans le monde ; il n'a pas connu les plaisirs faciles, ni la disette, ni les pourceaux. Certains chrétiens ont été préservés de ces choses. Enfants de chrétiens, ils ont été présentés au Seigneur, ils ont connu l'école du dimanche, puis les camps d'adolescents et les groupes de jeunesse. Devenus adultes, ils ont pris les eaux du baptême et choisi leur conjoint dans les rangs de l'assemblée. Nous ne saurions les blâmer d'avoir vécu ainsi. Ils ont eu ce privilège d'avoir été gardés dès leur enfance des séductions du monde, bien qu'ils aient été, eux aussi, des pécheurs. Ils ne fumaient pas, ne buvaient pas, ne fréquentaient pas les boîtes de nuit, n'ont pas eu d'aventures avant leur mariage. Que Dieu soit béni pour de tels chrétiens ! Néanmoins, ils courent un danger : Ayant toujours vécu à l'écart du monde, ils en sont si éloignés que certains de ces enfants de

Dieu ne réalisent pas sa misérable condition. Ils en éprouvent de l'écœurement, mais pas de compassion.

Quand, tout jeune converti, je cherchais un moyen de me rendre utile pour le Seigneur, j'ai participé à une « café-bar chrétien » à Paris. Des passants de tous bords, invités dans la rue venaient se faire offrir une tasse de thé en écoutant la parole de Dieu, et les participants, membres du groupe de jeunesse de l'église, avaient pour tâche de les accueillir et de s'entretenir avec eux pour les réconforter et les introduire à l'Évangile. Un jour, un clochard descendit l'escalier pour s'asseoir à une table. Dans la Seine coule beaucoup d'eau mais pas encore de savon. Mes frères et sœurs ne se sont pas précipités pour accueillir cet homme qui avait pourtant bien besoin de Jésus. Ils me l'ont gentiment laissé.

Le fils aîné était également indifférent à l'état de perdition de son frère. Qu'il aille au paradis ou en enfer cela lui était égal. Ainsi, certaines églises se sont retranchées dans leur égoïsme et ne se soucient pas non plus de ce que des hommes soient perdus. « Il y avait de la place pour cent chaises dans la salle quand nous l'avons achetée. Actuellement, nous avons cent personnes au culte, à quoi bon continuer à évangéliser, nous avons fait le plein ».

Tout comme beaucoup de chrétiens aujourd'hui, ce jeune homme avait perdu la notion de la gravité du péché. Et parce qu'il avait perdu cette notion, il ne se rendait pas compte de l'immensité de la grâce que le Père lui avait offert. Quand on a perdu la notion de la perdition, on ne se réjouit pas de voir les âmes échapper à l'enfer.

Lorsque autrefois je donnais mon témoignage au cours de réunions d'évangélisation, je précisais les détails de ma tentative de suicide, et j'étais offusqué de constater que ce récit faisait rire l'auditoire. Je ne parviens pas à comprendre que pour beaucoup d'enfant de Dieu, témoignage soit devenu synonyme de « franche rigolade ». Qu'y a-t-il de si risible dans le péché, la mort et la perdition ? Moi qui ne pouvais plus voir passer un train sans avoir envie de me jeter à genoux pour remercier Jésus, j'en étais désagréablement surpris. J'ai finalement résolu, à l'avenir, de survoler cet épisode.

Le fils aîné, enfin ne comprenait pas non plus l'expérience de son frère. Parce qu'elle est différente de la sienne, elle est forcément mauvaise !

Cookie Rodriguez était une jeune fille des bas-fonds New-Yorkais. On aurait pu l'appeler « la fille prodige ». C'était une meneuse de gang. Un jour, elle s'est battue contre un policier qui s'en est tiré avec quelques semaines d'hôpital et de nombreux points de suture. Une vraie tigresse !

Elle a pourtant connu la grâce du Seigneur par le ministère de « Teen-Challenge », qui n'était alors qu'une œuvre naissante et méconnue. Elle reçut un appel pour servir Dieu parmi les jeunes filles de basse condition. Elle répondit à son appel et après bien des difficultés, fut admise dans une école biblique située dans le Colorado. Tous les élèves de cette école biblique étaient issus de bonnes familles, la plupart étaient des enfants de pasteurs, ils étaient venus là dans l'espoir de trouver l'âme sœur et n'imaginaient pas que l'on pouvait avoir seulement la pensée de servir le Seigneur. Quand ces élèves ont entendu son témoignage, ils n'y ont rien compris, sinon qu'elle

avait des progrès à faire pour maîtriser la langue de Mark Twain. La barrière d'incompréhension entre ces deux mondes fut quelque peu pénible à franchir.
En second lieu, il espère une récompense pour ses œuvres (verset 29) : « J'ai vécu mon purgatoire sur la terre ! » « S'il y en a un qui mérite d'aller au ciel pour tant de souffrances, c'est bien moi ! »
C'est la religion du mérite.
Je suis le meilleur des chrétiens, je donne la dîme de mon salaire, je ne manque pas une seule réunion !
Le fils aîné était finalement un pharisien. Il n'en avait peut-être pas le titre mais il en avait la manière de pensée : « *Moi, je n'ai jamais désobéi à tes ordres.* »

Il dit encore cette parabole, en vue de certaines personnes se persuadant qu'elles étaient justes, et ne faisant aucun cas des autres : Deux hommes montèrent au temple pour prier ; l'un était pharisien, et l'autre publicain. Le pharisien, debout, priait ainsi en lui-même : O Dieu, je te rends grâces de ce que je ne suis pas comme le reste des hommes, qui sont ravisseurs, injustes, adultères, ou même comme ce publicain ; je jeûne deux fois par semaine, je donne la dîme de tous mes revenus. Le publicain, se tenant à distance, n'osait même pas lever les yeux au ciel ; mais il se frappait la poitrine, en disant : O Dieu, sois apaisé envers moi, qui suis un pécheur. Je vous le dis, celui-ci descendit dans sa maison justifié, plutôt que l'autre. Car quiconque s'élève sera abaissé, et celui qui s'abaisse sera élevé.

Luc 18:9/14

Comparé à son frère sur le plan des œuvres, il était certainement le meilleur. Les gens respectables de la ville le citaient en exemple : « Voilà au moins un jeune homme vertueux et bien élevé, c'est un bonheur d'avoir un tel fils ! » Et ils ne manquaient pas d'ajouter : « Ce n'est pas comme l'autre, ce petit voyou ! Vous rendez-vous compte ? Aller demander à son père sa part d'héritage pour aller se débaucher avec des péripatéticiennes ! Moi, madame, si j'avais un tel fils, je vous l'aurais envoyé en maison de correction ! »
Parce qu'il se sait le meilleur, il veut attirer l'attention du père sur ses mérites, tout en se comparant à celui qui ne mérite rien. Certains voudront ainsi attirer l'attention de leur Dieu sur ce qu'ils ont fait de bien, en essayant de lui cacher ce qu'ils ont fait de mal. Et le Seigneur Jésus les met tous en garde :

Car quiconque s'élève sera abaissé, et celui qui s'abaisse sera élevé.

Luc 18:14

La colère du fils aîné a aussi des motivations matérielles : « *C'est pour lui que tu as tué le veau gras !* » On tuait le veau gras pour fêter un événement exceptionnel. À notre époque, on aurait sabré un magnum de Champagne. Ce jeune homme avait échafaudé des projets : « Quand je me marierai, on tuera ce veau gras. C'est normal, mon père me doit bien çà ! »

Et nous voyons ici la faiblesse de sa religion. Il sert son père et lui obéit sans défaillance, non par amour, mais par intérêt, en vue de la récompense. Ainsi se sont comportés les ouvriers loués dès la première heure : « Nous avons travaillé toute la journée, nous. Nous avons transpiré. Et ceux-là, qui ont à peine pris le temps de soulever la pioche et de la reposer, vont toucher le même salaire que nous ? C'est vraiment trop injuste ! »

Car le royaume des cieux est semblable à un maître de maison qui sortit dès le matin, afin de louer des ouvriers pour sa vigne. Il convint avec eux d'un denier par jour, et il les envoya à sa vigne. Il sortit vers la troisième heure, et il en vit d'autres qui étaient sur la place sans rien faire. Il leur dit : Allez aussi à ma vigne, et je vous donnerai ce qui sera raisonnable. Et ils y allèrent. Il sortit de nouveau vers la sixième heure et vers la neuvième, et il fit de même. Etant sorti vers la onzième heure, il en trouva d'autres qui étaient sur la place, et il leur dit : Pourquoi vous tenez-vous ici toute la journée sans rien faire ? Ils lui répondirent : C'est que personne ne nous a loués. Allez aussi à ma vigne, leur dit-il. Quand le soir fut venu, le maître de la vigne dit à son intendant : Appelle les ouvriers, et paie-leur le salaire, en allant des derniers aux premiers. Ceux de la onzième heure vinrent, et reçurent chacun un denier. Les premiers vinrent ensuite, croyant recevoir davantage ; mais ils reçurent aussi chacun un denier. En le recevant, ils murmurèrent contre le maître de la maison, et dirent : Ces derniers n'ont travaillé qu'une heure, et tu les traites à l'égal de nous, qui avons supporté la fatigue du jour et de la chaleur. Il répondit à l'un d'eux : Mon ami, je ne te fais pas tort ; n'es-tu pas convenu avec moi d'un denier ? Prends ce qui te revient, et vas-t'en. Je veux donner à ce dernier autant qu'à toi. Ne m'est-il pas permis de faire de mon bien ce que je veux ? Ou vois-tu de mauvais œil que je sois bon ? - Ainsi les derniers seront les premiers, et les premiers seront les derniers.

Matthieu 20:1/16

Il ne réalise pas que s'il sert uniquement par devoir, il risque d'être un jour devancé par son frère faute d'avoir saisi comme lui le salut offert à tout pécheur, même au plus impie.

Que vous en semble ? Un homme avait deux fils ; et, s'adressant au premier, il dit : Mon enfant, va travailler aujourd'hui dans ma vigne. Il répondit: Je ne veux pas. Ensuite, il se repentit, et il alla. S'adressant à l'autre, il dit la même chose. Et ce fils répondit : Je veux bien, seigneur. Et il n'alla pas. Lequel des deux a fait la volonté du père ? Ils répondirent : Le premier. Et Jésus leur dit : Je vous le dis en vérité, les publicains et les prostituées vous devanceront dans le royaume de Dieu. Car Jean est venu à vous dans la voie de la justice, et vous n'avez pas cru en lui. Mais les publicains et les prostituées ont cru en lui ; et vous, qui avez vu cela, vous ne vous êtes pas ensuite repentis pour croire en lui.

Matthieu 21:28/32

Enfin, il juge son frère selon son passé (verset 30) :
Fort heureusement pour nous, le seigneur Jésus a oublié notre passé, et s'est livré sur la croix pour nous en délivrer et nous donner une vie nouvelle. Les hommes ne manquent pourtant pas une occasion de nous le rappeler et de nous le reprocher : « *Ton fils que voilà a dévoré ton bien avec des prostituées.* »
Un jeune chrétien voulait entrer dans le ministère, il avait aussi le projet de se marier. La jeune femme, qui était mal voyante, avait été divorcée avant sa conversion. Si elle avait connu cinquante aventures avant de rencontrer Christ, on ne lui en aurait fait aucun reproche. Mais les règles, dans l'église concernée, étaient ainsi établies : Un homme qui a divorcé (avant ou après sa conversion) ne peut devenir pasteur. Une femme qui a divorcé (avant ou après sa conversion) ne peut devenir une épouse de pasteur, même si l'un ou l'autre n'avait jamais eu que ce premier homme, ou que cette première femme dans leur vie. Ce jeune homme a donc été convoqué par le Sanhédrin. On l'a enjoint de choisir entre sa fiancée et son ministère. Après de longues hésitations, il a finalement rompu ses fiançailles. Le chagrin ajoutant à la maladie, la jeune femme a perdu totalement la vue. Le jeune homme n'est jamais devenu pasteur.
Les chrétiens doivent, hélas, souvent subir les conséquences de leur passé. Combien ont pu dire avec tristesse : « Il y a tant de malheur que j'aurais évité si j'avais rencontré Jésus quelques années plus tôt ! »
Nous rencontrons des hommes et des femmes qui, bien que sauvés par le sang de Jésus-Christ, traînent encore le fardeau de leur passé. Notre mission est-elle de les écraser d'avantage, ou bien de les soulager et les conduire à la victoire, quel que soit ce passé qui les accable ?
Ayons l'attitude spirituelle qui consiste à nous réjouir du salut accordé à tous. Le Seigneur nous a remis notre dette : que nous importe qu'elle soit de dix mille talents ou de cent deniers, il nous a rachetés au prix fort. Que de joie dans le ciel quand Jésus a dit au brigand crucifié :

Je te le dis en vérité, aujourd'hui tu seras avec moi dans le paradis.
Luc 23:43

Un pasteur se réjouissait d'annoncer à son auditoire qu'un prisonnier avait fait la paix avec Dieu, qu'il allait bientôt être libéré et qu'il allait prendre les eaux du baptême. Mais une brave sœur l'attendait à la sortie du culte :
« Je ne remettrai plus les pieds dans votre église. Je croyais que c'était une maison sérieuse, et voilà que j'apprends qu'on y accueille des repris de justice ! » Cette personne ignorait tout de la grâce de Jésus-Christ. Sachons le remercier pour les brigands et les prisonniers qu'il accueille dans son ciel de gloire.

Si quelqu'un est en Christ, il est une nouvelle création. Les choses anciennes sont passées ; voici, toutes choses sont devenues nouvelles. Et tout cela vient de Dieu, qui nous a réconciliés avec lui par Christ, et qui nous a donné le ministère de la réconciliation. Car Dieu était en Christ, réconciliant le monde avec lui-même en n'imputant point aux hommes leurs offenses, et il a mis en nous la parole de la réconciliation.

2 Corinthiens 5:17/19

Ressembles-tu au fils prodigue ? Loue ton Dieu ! Il t'aime d'un amour sans limites, d'un amour sans condition. Si ton passé est lourd à porter, confie-toi en lui. Les hommes prennent plaisir à y ajouter d'autres fardeaux encore plus pesants. Mais Christ a porté la lourde croix pour toi.

Ressembles-tu au fils aîné, qui a eu la chance de ne pas s'être vautré dans la fange de ce monde ? Loue ton Dieu ! Aime ton prochain comme Christ t'a aimé au point de livrer ses pieds et ses mains aux clous et son front aux épines.

L'erreur du prophète de Juda

"Un homme de Dieu se rendit de Juda à Béthel sur ordre de l'Eternel. Il arriva pendant que Jéroboam se tenait devant l'autel et s'apprêtait à faire brûler les parfums. L'homme de Dieu se mit à lancer des invectives contre l'autel, selon l'ordre de l'Eternel. Il cria : – Autel ! Autel ! Voici ce que déclare l'Eternel : il naîtra un fils parmi les descendants de David ; son nom sera Josias. Sur cet autel, il égorgera les prêtres des hauts lieux qui offrent sur toi des parfums, et l'on fera brûler sur toi des ossements humains ! En même temps, le prophète leur donna un signe : – Voici le signe qui vous prouvera que l'Eternel a parlé : l'autel va se fendre et la graisse qui le recouvre sera répandue sur le sol. Lorsque le roi Jéroboam entendit la menace que l'homme de Dieu proférait contre l'autel de Béthel, il étendit la main par-dessus l'autel et cria à ses gardes : « Arrêtez-le ! » Mais la main que Jéroboam avait étendue contre le prophète devint paralysée, de sorte qu'il ne put plus la ramener à lui. Au même moment, l'autel se fendit et la graisse qui était dessus se répandit par terre. C'était exactement le signe que l'homme de Dieu avait annoncé sur ordre de l'Eternel. Alors le roi dit à l'homme de Dieu : – Je t'en prie, implore l'Eternel, ton Dieu, et prie pour moi, afin que je puisse ramener ma main à moi. Le prophète implora l'Eternel, et le roi put ramener sa main à lui comme auparavant. Alors le roi invita l'homme de Dieu : – Viens avec moi dans mon palais te restaurer. Ensuite, je te ferai un cadeau. Mais celui-ci répondit : – Même si tu me donnais la moitié de ton palais, je n'entrerais pas chez toi. Je ne mangerai rien et je ne boirai pas une goutte d'eau en ce lieu, car l'Eternel m'a donné l'ordre suivant : – Tu ne prendras pas de nourriture, tu ne boiras pas d'eau en ce lieu et tu n'emprunteras pas à ton retour le même chemin qu'à l'aller. Il repartit donc par un autre chemin que celui par lequel il était venu à Béthel. A cette même époque vivait à Béthel un vieux prophète. L'un de ses fils vint lui raconter tout ce que l'homme de Dieu avait fait ce jour-là à Béthel et toutes les paroles qu'il avait dites au roi. Alors il demanda à ses fils : – Par quel chemin est-il parti ? Ses fils lui indiquèrent la route par laquelle l'homme de Dieu venu de Juda était reparti. Puis il leur dit : – Préparez-moi mon âne ! Ils lui sellèrent l'âne, il l'enfourcha et prit le même chemin que l'homme de Dieu. Il le rattrapa alors qu'il était assis au pied du Chêne et lui demanda : – Es-tu l'homme de Dieu qui est venu de Juda ? – C'est bien moi ! Alors il reprit : – Viens chez moi pour manger quelque chose. Mais le Judéen répondit : – Je ne peux ni retourner avec toi, ni entrer chez toi. Je ne dois rien manger ni boire avec toi dans ce pays, car j'ai reçu l'ordre de la part de l'Eternel de ne pas manger de pain, de ne pas boire d'eau en ce lieu et de ne pas prendre à mon retour le même chemin qu'à l'aller. Mais le vieillard insista : – Moi aussi, je suis prophète comme toi ; or, un ange m'a parlé en ces

termes de la part de l'Eternel : « Ramène–le avec toi dans ta maison, pour qu'il mange du pain et boive de l'eau. » En fait, en disant cela il mentait. Le prophète de Juda retourna avec lui à Béthel pour manger et boire de l'eau chez lui. Comme ils étaient tous deux à table, l'Eternel adressa la parole au vieux prophète qui l'avait ramené et il s'adressa à l'homme de Dieu venu de Juda en disant : – Voici ce que déclare l'Eternel : « Tu as désobéi à l'ordre de l'Eternel et tu n'as pas respecté le commandement que l'Eternel ton Dieu t'avait donné. Tu as rebroussé chemin et tu as mangé et bu dans le lieu où je t'avais défendu de le faire. À cause de cela, ton corps ne sera pas enterré dans la tombe de tes ancêtres. »"

1 Rois 13.1/22

Avant de nous pencher sur cet intéressant récit, commençons, si vous le voulez bien, par une leçon d'histoire.

Souvenons-nous qu'à la mort de Salomon, le jeune roi Roboam, a été invité à recevoir une massive délégation syndicale. La Cégétée et la Céhefdétée de l'époque étaient bien d'accord sur les mêmes revendications : « Le travail est trop dur, les salaires trop bas, et nous exigeons les congés payés. »

Roboam, ne sachant quelle réponse leur donner consulta d'abord les anciens qui savent tout ; ceux-ci, fort de leur sagesse et de leur expérience lui conseillèrent d'accorder des concessions, afin, dirent-ils, de gagner la confiance et la sympathie de la classe laborieuse. Mais Roboam préféra écouter ses anciens copains de faculté, qui lui dirent : « Tu ne vas tout de même pas te laisser embobiner par une poignée de paysans et d'ouvriers ! Tu es le roi, oui ou non ? »

Les résultats de ce discours impertinent ne se firent pas attendre : grèves, émeutes, barricades, jets de pavés meurtriers *(1 Rois 12.18)* ; une répétition de mai 1968. À la suite de ces événements regrettables, Roboam perdit la plus grande partie du vaste royaume qu'avaient rassemblé son grand-père et son père. Les dix tribus dissidentes choisirent pour roi un syndicaliste virulent : Jéroboam.

Les ponts étaient donc coupés entre le royaume de Juda, capitale Jérusalem, au sud, et celui d'Israël, capitale Samarie, au nord. Mais ces deux royaumes devenus ennemis n'avaient qu'une seule capitale religieuse, qui était Jérusalem, et lorsqu'à « Pessach », les juifs pieux du nord franchissait le « rideau de fer » pour aller au temple, Jéroboam se rongeait les ongles : « Et si mes sujet s'incrustaient à Jérusalem, s'ils s'y trouvaient mieux que chez moi et ne revenaient pas. Il va bien falloir que je trouve une solution ».

La solution, il l'a trouvée, en définitive, quand il décida d'installer dans son royaume, non pas une mais deux capitales religieuses. Ainsi, les Israéliens auraient tout sur place et le roi aurait pu faire jouer en sa faveur la loi de la concurrence. Il édifia donc deux autels, l'un à Dan, l'autre à Béthel, et auprès de chaque autel, il fit fondre une de ces bons vieux veaux d'or d'autrefois.

"Jéroboam fortifia la ville de Sichem dans la région montagneuse d'Ephraïm et il en fit sa résidence. Par la suite, il la quitta et fortifia Penouel. Jéroboam se dit : – Telles

que les choses se présentent, les sujets de mon royaume pourraient bien retourner sous l'autorité du fils de David. S'ils continuent à se rendre à Jérusalem pour y offrir des sacrifices dans le Temple de l'Eternel, ce peuple s'attachera de nouveau à son seigneur Roboam, roi de Juda. Alors ils me tueront et se soumettront à Roboam. Après avoir pris conseil, le roi fit faire deux veaux d'or et déclara au peuple : – En voilà assez avec ces pèlerinages à Jérusalem ! Voici votre Dieu, Israël, celui qui vous a fait sortir d'Egypte ! Il dressa l'une des statues d'or à Béthel et installa l'autre à Dan. Ce fut là un péché. Beaucoup de gens accompagnèrent l'un des veaux jusqu'à Dan. Jéroboam fit aussi construire des sanctuaires sur des hauts lieux et il établit prêtres des hommes pris dans la masse du peuple qui n'appartenaient pas à la tribu de Lévi. Jéroboam institua au quinzième jour du huitième mois une fête semblable à celle qui se célébrait en Juda et il offrit lui-même des sacrifices sur l'autel. C'est ainsi qu'il agit à Béthel en offrant des sacrifices aux veaux qu'il avait fait fabriquer. Il établit aussi à Béthel les prêtres des hauts lieux qu'il avait fondés."

1 Rois 12:.25/32

C'est donc dans ce contexte que l'Eternel va appeler un homme dont nous ignorons tout, y compris son nom, sinon qu'il appartenait à la communauté de Juda.
N'allons surtout pas nous imaginer que ce prophète est parti de chez lui sur un coup de colère : « Ah ! Ils veulent des veaux et des autels ! Je vais te leur en donner, moi ! Ca ne se passera pas comme ça ! Je vais aller les voir, je leur dirai "Ainsi parle l'Eternel !..." »
Laissons-nous plutôt persuader que cet homme avait reçu un appel de Dieu sans lequel il n'aurait pas eu la hardiesse de parler ainsi en présence du roi d'Israël.
Car il s'agit bien d'un appel de Dieu. Celui-ci nous conduit bien souvent là ou nous n'avons pas envie d'aller pour y exercer le ministère qui ne nous intéresse pas. Jeunes convertis, nous confondons bien souvent désir de faire et appel de Dieu. J'étais justement nouveau-né dans la foi quand je ressentais le désir de devenir aumônier militaire. Je décidai donc de me rendre à la base aérienne de Bricy, là même ou j'avais terminé mon service national, car je pensais y rencontrer des contacts intéressants. Je suis donc parti de Clamart, par un beau et froid matin d'hiver, dans ma vieille Diane Citroën. Non seulement elle laissait passer la pluie et le vent, mais le chauffage était en panne. Cette expédition transbeauceronne prit rapidement une tournure digne de celles du commandant Charcot. Je me suis présenté au poste de garde de Bricy plus transi qu'un amoureux éconduit, les doigts paralysés par le froid. Par malchance, aucune des deux personnes que j'espérais rencontrer n'était présente sur la base. Je suis donc rentré chez moi bredouille et un tant soit peu découragé. Ce n'est pas parce qu'une entreprise commence mal qu'il faut toujours en conclure qu'elle n'est pas dans le plan de Dieu. Mais dans ce cas précis, il s'agissait d'un désir de faire mais pas d'un véritable appel. J'ai rapidement renoncé à ce projet.
À mesure que l'on progresse dans la foi, on sait distinguer les ordres de Dieu de nos désirs.

Notre prophète, lui, avait des certitudes, le Seigneur lui avait donné des directives précises : « Tu iras à Béthel, tu parleras à Jéroboam. » Dieu lui avait donné un ordre de mission, et il savait exactement à quel endroit il devait aller. Non pas comme ce jeune soldat que ses camarades trouvèrent un jour dans une grande tristesse :
« Tu en fais une tête, mon gars ! Qu'est-ce qui t'arrive ?
– Ils m'envoient en Algérie. Voilà ce qui m'arrive !
– En Algérie ? Tu es sûr?
– Ça pour sûr, j'en suis sûr. J'ai reçu mon ordre de mission.
– Et tu es certain que c'est l'Algérie ? Qu'est-ce qui est écrit sur ton ordre de mission ?
– Je ne sais pas. C'est un nom étranger en tout cas. C'est pas français. Ils m'envoient en Algérie, c'est sûr !
– Fais voir ton papier. »
Le jeune conscrit avait bel et bien reçu l'ordre de faire son paquetage ; destination… Lann-Bihoué.
Pas de frayeur ni de crainte pour nous, soldats de Christ. Quand bien même il nous enverrait dans les contrées le plus hostiles à l'Évangile , nous savons qu'il nous revêt de toutes ses armes. Ainsi le prophète de Juda part en pleine confiance vers une ville qu'il connaît comme une véritable Mecque de l'apostasie.
Nous lisons au verset 9 que cette mission était assortie d'ordres particuliers. Le prophète devait jeûner jusqu'à son retour et s'en retourner au pays par un itinéraire différent de celui du voyage d'aller.
En lisant notre Bible avec les lunettes du doute et du raisonnement, nous pensons être en droit de nous interroger sur le bien fondé de ces ordres : Le prophète à accompli sa mission, pourquoi le Seigneur lui impose-t-il d'autres contraintes qui semblent sans incidences sur la mission elle-même ? Ne s'agit-il pas plutôt de recommandations secondaires ?
Je me souviens d'un pasteur qui annonçait souvent : « Notre frère André va maintenant nous faire chanter un chœur et deux cantiques », ou bien : « Notre frère André va nous faire chanter le cantique n°271 pendant que le frère untel collectera les offrandes. »
D'aucuns, à ma place, auraient tiré la couverture à eux en dirigeant cinq cantiques d'affilée ; d'autre ne manqueraient pas de dénigrer : « Le pasteur freine la liberté du Saint-Esprit ! » Pour ma part, je ne m'en tracassais pas. Qu'est-ce qui me prouvait, justement, que ce n'est pas conduit par l'Esprit qu'il me donnait ces directives ? »
C'est ainsi que réagissait notre prophète. Il avait compris que, par ces ordonnances, le Seigneur mettait à l'épreuve la fidélité de son serviteur, fidélité qui doit se manifester dans l'obéissance aux moindres détails.
Le succès de sa mission, les miracles accomplis, l'énorme gifle reçue par le roi Jéroboam ne lui ont pas fait tourner la tête. Le prophète reprend la route sans prendre la moindre collation, suivant l'itinéraire de retour qu'il avait préparé, toujours aussi décidé à obéir à Dieu sans fléchir.

Bien sûr, je prends des risques en disant que le prophète a reçu une vision. Le texte ne le dit pas, mais il est difficile de nous imaginer un prophète sans vision.

Tout chrétien équilibré est capable de comprendre que « la vision » est, en premier lieu, une conviction intime, semée par Dieu dans les cœurs, et qui donne la force de poursuivre sa mission jusqu'au bout, quelles que soient les circonstances, et les moments de découragement qui peuvent survenir.

Toutes les circonstances s'harmonisaient merveilleusement dans la mission de ce prophète. Outre l'appel, les ordres précis et la vision, le Maître va lui donner un signe :

"Au même moment, l'autel se fendit et la graisse qui était dessus se répandit par terre. C'était exactement le signe que l'homme de Dieu avait annoncé sur ordre de l'Eternel. Alors le roi dit à l'homme de Dieu : – Je t'en prie, implore l'Eternel, ton Dieu, et prie pour moi, afin que je puisse ramener ma main à moi. Le prophète implora l'Eternel, et le roi put ramener sa main à lui comme auparavant. Alors le roi invita l'homme de Dieu : – Viens avec moi dans mon palais te restaurer. Ensuite, je te ferai un cadeau."

Vs 3/5

C'est ainsi qu'il avait déjà agi envers Moïse quand celui-ci émettait encore quelques doutes sur l'authenticité de sa vocation :

"Moïse objecta : – Et s'ils ne me croient pas et ne m'écoutent pas, s'ils me disent : « L'Eternel ne t'est pas apparu » ? – Qu'as-tu dans la main ? lui demanda l'Eternel. – Un bâton. – Jette-le par terre. Moïse jeta le bâton par terre et celui-ci se transforma en serpent. Moïse s'enfuit devant lui, mais l'Eternel lui dit : – Tends la main et attrape-le par la queue ! Moïse avança la main et saisit le serpent, qui redevint un bâton dans sa main. – C'est pour qu'ils croient que l'Eternel, le Dieu de leurs ancêtres, le Dieu d'Abraham, d'Isaac et de Jacob t'est réellement apparu."

Exode 4.1/5

Le prophète n'avait donc plus aucune excuse de douter que tout ce qu'il faisait avant, pendant et après son intervention à Béthel était en plein accord avec le plan de Dieu.

Et pourtant ! Pourtant…

Pendant que se déroulent ces glorieux événements, un autre prophète de Béthel, tout aussi anonyme que celui de Juda, se lève.

Un faux prophète, me direz-vous.

Malheureusement non !

Nous avons bien affaire, encore une fois, à un véritable prophète oint de l'Eternel.

Nous lisons au *verset 20* :

Comme ils étaient assis à table, la parole de l'Éternel fut adressée au prophète qui l'avait ramené.

C'est donc un homme à qui le message de Dieu est confié personnellement.
Autre détail *(vs 11)* : il était vieux.
Rassurez-vous, je n'ai rien contre les vieux prophètes, ni contre les pasteurs et anciens aux cheveux blancs, dont je fais maintenant partie. La jeunesse étant, comme chacun sait, un défaut dont on se corrige un peu tous les jours, les anciens sont généralement de bon conseil. Roboam l'a d'ailleurs appris à ses dépends.
Dans le cas qui nous préoccupe, le jeune prophète, ébranlé soudain par une nouvelle révélation qui contredisait en tout point celle qu'il avait reçue de Dieu lui-même, considéra l'âge de ce prophète comme une garantie.
« C'est un homme qui a de l'expérience, il a certainement raison. J'aurais donc mal compris ce que le Seigneur m'a dit. »
Les chrétiens d'âge mûr et de longue expérience devraient être des soutiens, des conseillers pour les jeunes convertis. Est-ce toujours le cas ?
Nous avons dans la Bible un autre cas de vrai prophète qui s'est ainsi corrompu : Balaam était un prophète qui aimait avant tout l'argent et les honneurs ; c'était un prophète mercenaire.

"Balaq revint à la charge et envoya une nouvelle délégation composée de princes plus nombreux et plus importants que la première fois. Ils arrivèrent chez Balaam et lui dirent : – Ainsi parle Balaq, fils de Tsippor : « De grâce, ne refuse pas de me venir en aide. Je te comblerai d'honneurs et je ferai tout ce que tu me demanderas. Mais viens donc, maudis–moi ce peuple ! »"

Nombres 22.15/17

L'apôtre Paul a donc bien raison lorsqu'il recommande de juger les prophètes :

"Quant à ceux qui prophétisent, que deux ou trois prennent la parole et que les autres jugent ce qu'ils disent."

1 Corinthiens 14.29

Il est clair que, dans ce contexte, ce ne sont pas les prophètes qui ont composé le canon biblique que nous devons juger. Les critiques s'en chargeront bien assez tôt. Il nous est consigné de juger objectivement ceux qui, dans l'église, se disent prophètes, exercent le don de prophétie, ou prétendent avoir de visions. Il est indispensable aux chrétiens de séparer le spirituel du charnel, l'authentique de la contrefaçon.
L'esprit des prophètes -de l'Église- doit être soumis aux prophètes -de la Bible-.
Qu'il est tragique de lire *au verset 18* : « Il lui mentait ». Un prophète ment à un autre prophète. Comment un enfant de Dieu peut-il oser mentir en disant : *« Un ange m'a parlé de la part de l'Eternel »*
Il est déjà grave de prendre ses lubies pour des révélations divines et dire à chaque instant : « Dieu m'a parlé, Dieu m'a montré, Dieu m'a dit ! »

« Dieu m'a montré que ce frère a un interdit dans sa vie. C'est que j'ai le don de discernement, vous savez ! »

Que penser alors de ce serviteur de Dieu qui, en toute conscience, ment à son frère dans le seul but de le faire tomber dans un piège mortel ?

Le Seigneur ne manque pas de nous mettre en garde contre de tels hommes :

" Et je lui répondis : – Ah ! Seigneur, Eternel, les prophètes leur disent : « Vous ne connaîtrez pas la guerre et vous ne subirez pas la famine, car je vous donnerai en ce lieu-ci une paix véritable. » Et l'Eternel me dit : – En mon nom, ces prophètes profèrent des mensonges. Je ne les ai pas mandatés, je ne leur ai rien ordonné et je ne leur ai pas parlé : toutes leurs prophéties sont visions mensongères, oracles sans valeur, des inventions venant d'eux-mêmes. "

Jérémie 14.13/14

" Je n'ai pas mandaté tous ces prophètes-là, et cependant, ils courent ! Et je ne leur ai pas adressé la parole. Pourtant, ils prophétisent ! "

Jérémie 23/21

Nous pouvons nous interroger sur les motivations qui ont poussé ce prophète au mensonge et à la trahison.

L'une des raisons que nous pouvons invoquer est la jalousie en regard de la jeunesse : Inutile de chercher à chiffrer la vieillesse en nombre d'année. On devient vieux quand on commence à dénigrer systématiquement les jeunes.

Il existe des églises où l'on méprise les anciens et où les jeunes ont tous les droits. Il en est d'autres où l'on ne supporte pas les enfants, où l'on accepte, à la rigueur que des jeunes gens se donnent au Seigneur, mais où l'on ne tolère en aucun cas qu'ils se lèvent pour servir.

Je me souviens de cette autre église dans laquelle un diacre, toujours assis à l'arrière près de la porte, avait pour fonction de surveiller les enfants et de coller un « zoc »[1] au premier qui bouge.

Ceux qui entretiennent de telles mentalités n'ont pas même la sagesse de réaliser que leur congrégation fermera ses portes avec l'enterrement du dernier chrétien.

La rivalité politique est une seconde raison que nous pouvons envisager :

Juda et Israël étaient devenus ennemis. Le prophète de Béthel, subitement animé d'un zèle patriotique si intense, s'attendait-il à recevoir la croix de guerre pour avoir mis à mort un citoyen de la cité ennemie ? A-t-il pu oublier à ce point qu'avant de servir Roboam ou Jéroboam, les deux prophètes étaient des soldats du Dieu Eternel ?

Pendant la première guerre mondiale, le pianiste autrichien Paul Wittgenstein a eu le bras doit arraché par un éclat d'obus. Sa carrière musicale aurait été irrémédiablement brisée si un compositeur français, Maurice Ravel, n'avait composé spécialement pour lui son célèbre « Concerto pour la main gauche », une œuvre

---

[1] "Zoc" : mot créole réunionnais désignant un chiquenaude ou une gifle sur le sommet du crâne.

réalisée de telle manière que l'auditeur à l'impression que l'exécutant joue avec ses deux mains.

Cet épisode n'est-il pas riche d'enseignements ? Si l'amour de la musique a réunis sur une même partition deux pays en guerre, l'amour de Christ ne devrait-il pas produire plus encore ? Comment les chrétiens réagiront-ils à la crise mondiale qui doit incessamment bouleverser le monde, si déjà ils vivent en guerre les uns avec les autres ?

La troisième raison que je vous propose d'examiner est l'hérésie :

Une chose est certaine, ces deux hommes portaient tous les deux la casquette de « prophète de l'Eternel Dieu ». Il est une autre chose dont je suis sûr : Lorsque je me présenterai devant Dieu, il ne me demandera pas si je suis catholique ou protestant.

Il est pourtant vrai que l'étiquette peut cacher, sous une appellation glorieuse, une falsification.

Cet homme était-il prophète ? - Sans aucun doute, et malgré sa faute, l'Eternel l'utilise encore au moins une fois.

Plus qu'un politicien du parti de Jéroboam, le prophète de Béthel n'était-il pas devenu un politicien du Veau de Béthel ?

Il s'est laissé séduire par cet autel et cette image. Ceux qui se sont détournés de la vérité biblique n'aiment pas qu'on leur rappelle la parole de Dieu. Combien d'évangéliques s'en sont détournés pour avoir donné la préférence aux penchants de leurs cœurs ! Combien sont ceux qui excommunient leurs propres frères, les accusent d'hérésie alors qu'ils se sont eux mêmes fourvoyés !

Nous ne pouvons que constater la tragique conséquence de cet état d'Esprit : Un prophète assassine un autre prophète.

Des pasteurs assassinent leurs brebis. Des brebis assassinent leur pasteur. Des brebis assassinent d'autres brebis. Des pasteurs assassinent d'autres pasteurs. Ils se haïssent, ils s'accusent les uns les autres, ils se font même des procès !

Quel témoignage navrant pour notre Seigneur !

Après s'être copieusement restauré chez son nouvel ami, le prophète de Juda s'apprêtait à reprendre la route. Mais son hôte lui servit un digestif bien amer :

" Et il s'adressa à l'homme de Dieu venu de Juda en disant : – Voici ce que déclare l'Eternel : « Tu as désobéi à l'ordre de l'Eternel et tu n'as pas respecté le commandement que l'Eternel ton Dieu t'avait donné. Tu as rebroussé chemin et tu as mangé et bu dans le lieu où je t'avais défendu de le faire. A cause de cela, ton corps ne sera pas enterré dans la tombe de tes ancêtres. » "

vs 21/22

Cette prophétie ne manqua pas de se réaliser quand sur le chemin du retour, l'homme de Juda fut tué par un lion.

Ce jugement de Dieu envers son prophète pourrait nous paraître excessivement sévère. Après tout, il ne s'agit que d'un jeûne non respecté.

Outre sa désobéissance, et c'est la que nous entrevoyons la gravité de sa faute, il a méprisé la parole de Dieu et tenu pour vaine la révélation que lui avait transmis le Saint - Esprit.

Il a mis dans la balance la parole de Dieu et la parole de l'homme, enveloppée dans un « ainsi parle l'Eternel ! »

La Parole divine lui avait pourtant été donnée personnellement, sans intermédiaire, et avec confirmations.

Quand le Seigneur nous porte un message, il s'adresse d'abord à l'intéressé, ensuite il le confirme par d'autres. Méfions-nous de ceux qui nous disent : Dieu m'a montré que vous devez faire telle chose.

Soyons comme l'apôtre Paul, des hommes et des femmes équilibrés, prudents, et ne nous laissons pas séduire par les personnes aux multiples visions.

" Veillez à ce que personne ne vous prenne au piège de la recherche d'une « sagesse » qui n'est que tromperie et illusion, qui se fonde sur des traditions tout humaines, sur les principes élémentaires qui régissent la vie dans ce monde, mais non sur le Christ. "

" Ne vous laissez pas condamner par ces gens qui prennent plaisir à s'humilier et à s'adonner à un « culte des anges ». Ils se livrent à leurs visions, ils s'enflent d'orgueil sans raison, poussés par leurs pensées tout humaines. Ils refusent de s'attacher au Christ, qui est le chef, la tête. C'est de lui que le corps tout entier tire sa croissance comme Dieu le veut, grâce à la cohésion et à l'unité que lui apportent les articulations et les ligaments. "

Colossiens 2.8, 18/19

Il croit que Dieu est versatile : Dieu s'est trompé quand il m'a parlé la première fois, ou alors, il a changé d'avis.

" Ne vous laissez donc pas égarer sur ce point, mes chers frères : tout cadeau de valeur, tout don parfait, nous vient d'en haut, du Père qui est toute lumière et en qui il n'y a ni changement, ni ombre due à des variations. "

Jacques 1:16/17

S'il n'y a en lui aucun changement, nous pouvons lui faire confiance, il ne changera pas d'avis, puisque sa parole est bonne, une fois pour toute. Ceux qui se vantent d'avoir de nombreuses visions sont souvent instables. Dieu leur dit mardi le contraire de ce qu'il leur a dit lundi. Et ils piétinent le gazon sans jamais rien semer.

Ne recherchons pas les visions, mais recherchons la vision. Celui qui n'a reçu qu'une seule vision sait où il va, et ne baisse pas les bras quand les circonstances semblent infirmer son appel.

" Je vous engage instamment, chers frères, à prendre garde à ceux qui sèment la division et égarent les autres en s'opposant à l'enseignement que vous avez reçu. Eloignez-vous d'eux, car les gens de cette sorte ne servent pas le Christ, notre Seigneur, mais leur ventre. Avec leurs belles paroles et leurs discours flatteurs, ils séduisent ceux qui ne discernent pas le mal. "

Romains 16.17/18

" C'est lui qui a fait don de certains comme apôtres, d'autres comme prophètes, d'autres comme évangélistes, et d'autres encore comme pasteurs et enseignants. Il a fait don de ces hommes pour que ceux qui appartiennent à Dieu soient rendus aptes à accomplir leur service en vue de la construction du corps du Christ. Ainsi nous parviendrons tous ensemble à l'unité dans la foi et dans la connaissance du Fils de Dieu, à l'état d'adultes, à un stade où se manifeste toute la plénitude qui nous vient du Christ. De cette manière, nous ne serons plus de petits enfants ballottés comme des barques par les vagues et emportés çà et là par le vent de toutes sortes d'enseignements, à la merci d'hommes habiles à entraîner les autres dans l'erreur. Au contraire, en exprimant la vérité dans l'amour, nous grandirons à tous égards vers celui qui est la tête : le Christ. "

Ephésiens 4.11/15

Reconstruire avec Aggée

La seconde année du roi Darius, le premier jour du sixième mois, la parole de l'Eternel fut adressée par Aggée, le prophète, à Zorobabel, fils de Schealthiel, gouverneur de Juda, et à Josué, fils de Jotsadak, le souverain sacrificateur, en ces mots :

Aggée 1:1

Aggée est le premier des trois prophètes qui exercèrent leur ministère après l'Exil. Son nom : Haggaï, signifie « jour de fête ». Il vient lui-même de « hag », qui ajoute à la notion de fête, celle de sacrifice et de pèlerinage. Il nous rappelle que la vie chrétienne doit être une fête solennelle consacrée à l'adoration. Or, le lieu privilégié pour l'adoration était bien entendu le Temple de Jérusalem. Le prestigieux édifice de Salomon ayant été détruit, le peuple juif, sous la direction de Zorobabel, entreprit sa reconstruction en l'an 536 (av.J.C.). Pendant les deux premières années, les israélites travaillaient avec ardeur et les fondements furent rapidement posés. Tous étaient en droit de penser que le Temple serait bientôt reconstruit. Mais au terme de ces deux premières années, les israélites, qui avaient cédé aux pressions exercées par leurs adversaires établis dans le pays, se découragèrent et abandonnèrent les travaux pendant quatorze ans *(Esdras chapitres 3 et 4)*. C'est alors qu'intervient le prophète Aggée.

Aggée, le prophète, et Zacharie, fils d'Iddo, le prophète, prophétisèrent aux Juifs qui étaient en Juda et à Jérusalem, au nom du Dieu d'Israël. Alors Zorobabel, fils de Schealthiel, et Josué, fils de Jotsadak, se levèrent et commencèrent à bâtir la maison de Dieu à Jérusalem. Et avec eux étaient les prophètes de Dieu, qui les assistaient.

Esdras 5:1/2

A la suite de ses exhortations, le peuple se remit à l'ouvrage et quatre ans plus tard, en 516, le nouveau Temple de Jérusalem fut enfin achevé.

Le Temple est un type, à la fois de Christ et de son Église. Et c'est comme un message adressé à l'Église de Jésus-Christ que nous devons examiner la prophétie d'Aggée. Nous voyons combien d'années ont été perdues pour sa construction, et comment elles ont été rapidement rattrapées quand Israël a de nouveau écouté la parole prophétique.

Dans l'optique de l'Église de Christ, qui est celle des temps de la fin, celle qui verra bientôt son retour en gloire, nous pouvons nous inquiéter du peu de progrès réalisé durant ces dernières années, du recul de la sanctification des chrétiens et du déclin de

leur éthique, mais également du manque d'efficacité de l'évangélisation, du moins en Europe. Alors que dans ces temps d'urgence, l'Église devrait faire rentrer en son sein des flots d'âmes repentantes, elle se croit souvent obligée de faire des concessions pour que, de temps en temps, une âme nouvelle se donne la peine d'entrer.
Cependant :

Il est une chose, bien-aimés, que vous ne devez pas ignorer, c'est que, devant le Seigneur, un jour est comme mille ans, et mille ans sont comme un jour.

2 Pierre 3:8

Ne regardons pas en arrière les années qui semblent avoir été perdues, mais soumettons-nous au Saint-Esprit qui nous assiste et contrôle la vie de son peuple. Nous qui avons soif de vérité, nous qui avons soif de justice, nous qui avons soif de la gloire de Dieu, remettons-nous dans sa main puissante et laissons lui la liberté d'agir. De même qu'il n'a fallu que quatre ans pour reconstruire le Temple, la véritable Église de Jésus-Christ saura être prête et victorieuse pour recevoir son maître dans sa gloire.

Ainsi parle l'Eternel des armées : Ce peuple dit: Le temps n'est pas venu, le temps de rebâtir la maison de l'Eternel. C'est pourquoi la parole de l'Eternel leur fut adressée par Aggée, le prophète, en ces mots : Est-ce le temps pour vous d'habiter vos demeures lambrissées, Quand cette maison est détruite ? Ainsi parle maintenant l'Eternel des armées : Considérez attentivement vos voies ! Vous semez beaucoup, et vous recueillez peu, Vous mangez, et vous n'êtes pas rassasiés, Vous buvez, et vous n'êtes pas désaltérés, Vous êtes vêtus, et vous n'avez pas chaud ; Le salaire de celui qui est à gages tombe dans un sac percé. Ainsi parle l'Eternel des armées : Considérez attentivement vos voies ! Montez sur la montagne, apportez du bois, Et bâtissez la maison : J'en aurai de la joie, et je serai glorifié, Dit l'Eternel. Vous comptiez sur beaucoup, et voici, vous avez eu peu ; Vous l'avez rentré chez vous, mais j'ai soufflé dessus. Pourquoi ? dit l'Eternel des armées. A cause de ma maison, qui est détruite, Tandis que vous vous empressez chacun pour sa maison. C'est pourquoi les cieux vous ont refusé la rosée, Et la terre a refusé ses produits. J'ai appelé la sécheresse sur le pays, sur les montagnes, Sur le blé, sur le moût, sur l'huile, Sur ce que la terre peut rapporter, Sur les hommes et sur les bêtes, Et sur tout le travail des mains.

Aggée 1:2/11

Nous nous étonnons d'entendre le peuple dire : « *Le temps n'est pas venu* » et de justifier sa paresse en se répétant : « Dieu ne nous a rien dit, nous n'avons pas reçu de révélation »

Le roi David, à son époque, portait sur son cœur le fardeau de la maison de Dieu, il exprimait ainsi au prophète Nathan l'immense désir qui brûlait en lui :

Il dit à Nathan le prophète : Vois donc ! J'habite dans une maison de cèdre, et l'arche de Dieu habite au milieu d'une tente.

2 Samuel 7:2

À l'heure où parle Aggée, les préoccupations du peuple de l'Eternel sont diamétralement opposées : « Nous avons nos maisons à équiper, il faut aménager la cuisine, refaire les tapisseries, poser la moquette, construire la véranda, planter les thuyas. Quelle corvée ! Le Temple de Dieu peut bien attendre un peu ! »

Ainsi, beaucoup de chrétiens ne se sentent pas pressés, ils ont bien le temps, ils doivent d'abord profiter de leur jeunesse, et quand ils seront à la retraite, ils s'occuperont d'un peu plus près des affaires du Seigneur.

Il en est ainsi pour l'attente du retour du Christ : « C'est si loin ! Nous avons tout le temps pour nous mettre en règle avec Dieu ! »

Jésus n'a-t-il pas dit qu'il viendrait *« comme un voleur dans la nuit » (1 Thessaloniciens 5.2)* et qu'en tant que tel il en surprendrait plus d'un dans son sommeil ?

Les conséquences de l'incurie des israélites, comme celles de la tiédeur de l'Église, ne se font pas attendre : « *Vous semez beaucoup, mais vous recueillez peu* » *(verset 6)*. Telle était la réponse de Dieu à ceux qui refusent d'obéir à sa loi :

Tu transporteras sur ton champ beaucoup de semence ; et tu feras une faible récolte, car les sauterelles la dévoreront.

Deutéronome 28:38

Les sauterelles de ce monde ne manqueront pas de ravager les âmes de nos enfants dont nous aurons négligé l'éducation spirituelle. Elles ravageront les âmes que nous avons évangélisées mais dont nous aurons négligé la nourriture permanente. Elles ravageront les âmes des chrétiens établis dans les églises mais qui, n'y trouvant plus les verts pâturages d'autrefois, risquent d'aller chercher pitance dans des congrégations *« qui ont l'apparence de la piété mais renient ce qui en fait la force » (2 Timothée 3.5)*.

Ecoutons donc le bon conseil que l'Eternel nous donne aux versets 7 et 8 : Prenez à cœur ma divine parole, rendez-moi gloire et remettez-vous à l'œuvre.

Adaptons notre prédication à la parole de Dieu et non au désir des hommes. Alors il répondra à notre prière. Il fera fructifier au-delà de notre espérance tous nos efforts d'évangélisation, même si nous y avons consacré peu de moyens financiers, parce que de ses fidèles serviteurs auront mis les intérets de Dieu au premier plan. Les églises locales progresseront alors à grande vitesse, et cette croissance ne sera pas seulement numérique, elle sera aussi verticale, et les chrétiens ainsi engagés se rapprocheront toujours d'avantage de Dieu.

Ces merveilleuses paroles du Psaume 126, qui s'opposent aux menaces du Deutéronome, deviendront pour tous une réalité :

Ceux qui sèment avec larmes Moissonneront avec chants d'allégresse. Celui qui marche en pleurant, quand il porte la semence, Revient avec allégresse, quand il porte ses gerbes.

Psaume 126:5/6

Le Seigneur ajoute à son précieux conseil : « *J'en aurai de la joie* » *(verset 8b).* Existe-t-il un chrétien qui n'ait pas le désir de faire plaisir à son Dieu. Nous aimons faire plaisir à notre femme, à notre mari, ou à nos enfants, que nous aimons. À combien plus forte raison désirons-nous faire la joie de celui que nous aimons par-dessus tout, et il nous en a montré le moyen.

Le Seigneur Jésus nous enseigne qu'à son retour, celui qui sème l'Évangile (l'Église) et celui qui en récolte les fruits (Christ) seront ensemble dans la même joie.

Ne dites-vous pas qu'il y a encore quatre mois jusqu'à la moisson ? Voici, je vous le dis, levez les yeux, et regardez les champs qui déjà blanchissent pour la moisson. Celui qui moissonne reçoit un salaire, et amasse des fruits pour la vie éternelle, afin que celui qui sème et celui qui moissonne se réjouissent ensemble.

Jean 4:35/36

Le vingt et unième jour du septième mois, la parole de l'Eternel se révéla par Aggée, le prophète, en ces mots : Parle à Zorobabel, fils de Schealthiel, gouverneur de Juda, à Josué, fils de Jotsadak, le souverain sacrificateur, et au reste du peuple, et dis-leur : Quel est parmi vous le survivant Qui ait vu cette maison dans sa gloire première ? Et comment la voyez-vous maintenant ? Telle qu'elle est, ne paraît-elle pas comme rien à vos yeux ? Maintenant fortifie-toi Zorobabel ! dit l'Eternel. Fortifie-toi, Josué, fils de Jotsadak, souverain sacrificateur ! Fortifie-toi, peuple entier du pays ! dit l'Eternel. Et travaillez ! Car je suis avec vous, Dit l'Eternel des armées. Je reste fidèle à l'alliance que j'ai faite avec vous Quand vous sortîtes de l'Egypte, Et mon Esprit est au milieu de vous ; Ne craignez pas ! Car ainsi parle l'Eternel des armées : Encore un peu de temps, Et j'ébranlerai les cieux et la terre, La mer et le sec ; J'ébranlerai toutes les nations ; Les trésors de toutes les nations viendront, Et je remplirai de gloire cette maison, Dit l'Eternel des armées. L'argent est à moi, et l'or est à moi, Dit l'Eternel des armées. La gloire de cette dernière maison sera plus grande Que celle de la première, Dit l'Eternel des armées ; Et c'est dans ce lieu que je donnerai la paix, Dit l'Eternel des armées.

Aggée 2:1/9

Le premier chapitre d'Aggée se termine par une bonne nouvelle (versets 12 à 15) : Encouragé par les exhortations du prophète, le peuple a fait le bon choix et a repris les travaux. Le second chapitre s'ouvre sur une note de nostalgie : « De mon temps, c'était quand-même mieux ! » C'est cette attitude qui transparaît au verset 3.

À mesure que les travaux progressaient, les jeunes se réjouissaient tandis que les anciens, qui se souvenaient du Temple de Salomon dans toute sa gloire avaient le cœur serré, si bien qu'on entendait les pleurs se mêler aux cris de joie.

Ils chantaient, célébrant et louant l'Eternel par ces paroles : Car il est bon, car sa miséricorde pour Israël dure à toujours ! Et tout le peuple poussait de grands cris de joie en célébrant l'Eternel, parce qu'on posait les fondements de la maison de l'Eternel. Mais plusieurs des sacrificateurs et des Lévites, et des chefs de famille âgés, qui avaient vu la première maison, pleuraient à grand bruit pendant qu'on posait sous leurs yeux les fondements de cette maison. Beaucoup d'autres faisaient éclater leur joie par des cris, en sorte qu'on ne pouvait distinguer le bruit des cris de joie du bruit des pleurs parmi le peuple, car le peuple poussait de grands cris dont le son s'entendait au loin.

Esdras 3:11/13

La nostalgie ne peut pas ramener au présent la gloire du temps passé, elle a souvent des effets négatifs. Une rétrospective est pourtant bénéfique lorsqu'il s'agit de tirer des exemples du passé une leçon pour l'avenir. Souvenons-nous de Gédéon, ce grand nostalgique qui devint un vaillant héros de l'Eternel. Souvenons aussi d'Asaph qui s'écriait :

Nous ne voyons plus nos signes; Il n'y a plus de prophète, Et personne parmi nous qui sache jusqu'à quand... Jusqu'à quand, ô Dieu ! L'oppresseur outragera-t-il, L'ennemi méprisera-t-il sans cesse ton nom ?

Psaume 74:9/10

N'était-il pas l'un des premiers à louer Dieu par la musique instrumentale et vocale ? Ne croyait-il pas que l'Eternel délivrait encore aux jours de sa vie quand il écrivait :

Offre pour sacrifice à Dieu des actions de grâces, Et accomplis tes vœux envers le Très-Haut. Et invoque-moi au jour de la détresse ; Je te délivrerai, et tu me glorifieras.

Psaume 50:14/15

A Zorobabel, à Josué, et à tous ceux qui ont le cœur gros, l'Eternel a deux ordres à donner : « *fortifie-toi !* » et « *travaillez !* » *(verset 4)*
Ne restons pas avec nos regrets, ils nous seront funestes s'ils ne sont assortis d'une vision pour le futur. Ayons foi dans la fidélité de Dieu qui nous a revêtus de toute la puissance de son esprit (verset 5).
Jérémie était un ouvrier engagé à plein temps pour le service du Seigneur, constamment éprouvé, insulté, maltraité, emprisonné, jeté dans une citerne, il payait sa consécration au prix de dures souffrances et parfois se décourageait. « J'en ai assez, Seigneur ! Je veux prendre ma retraite ! » Son divin patron ne l'a-t-il pas toujours délivré de son malheur ? Lisons plutôt :

Si je dis : Je ne ferai plus mention de lui, Je ne parlerai plus en son nom, Il y a dans mon cœur comme un feu dévorant Qui est renfermé dans mes os. Je m'efforce de le contenir, et je ne le puis.
L'Eternel des armées éprouve le juste, Il pénètre les reins et les cœurs. Je verrai ta vengeance s'exercer contre eux, Car c'est à toi que je confie ma cause. Chantez à l'Eternel, louez l'Eternel! Car il délivre l'âme du malheureux de la main des méchants.

Jérémie 20:9,12/13

Et si nous ne sommes toujours pas convaincus de son immense fidélité, lisons encore :

Fortifiez-vous et ayez du courage ! Ne craignez point et ne soyez point effrayés devant eux ; car l'Eternel, ton Dieu, marchera lui-même avec toi, il ne te délaissera point, il ne t'abandonnera point.

Deutéronome 31:6

Aux israélites sceptiques, le prophète ajoute ces paroles :

La gloire de cette dernière maison sera plus grande Que celle de la première, Dit l'Eternel des armées ; Et c'est dans ce lieu que je donnerai la paix, Dit l'Eternel des armées.

Aggée 2:9

La gloire sera plus grande ; non pas forcément à cause de l'aspect du bâtiment, mais elle le sera parce que ce Temple, rebâti pour l'Eternel après soixante-dix ans de captivité et de souffrances nous rappelle le retour glorieux de Jésus-Christ. Il vient enlever ses enfants de ce monde corrompu qui sera bientôt sous la domination totale de l'Antéchrist ?

Le vingt-quatrième jour du neuvième mois, la seconde année de Darius, la parole de l'Eternel se révéla par Aggée, le prophète, en ces mots : Ainsi parle l'Eternel des armées : Propose aux sacrificateurs cette question sur la loi : Si quelqu'un porte dans le pan de son vêtement de la chair consacrée, et qu'il touche avec son vêtement du pain, des mets, du vin, de l'huile, ou un aliment quelconque, ces choses seront-elles sanctifiées ? Les sacrificateurs répondirent : Non ! Et Aggée dit: Si quelqu'un souillé par le contact d'un cadavre touche toutes ces choses, seront-elles souillées ? Les sacrificateurs répondirent : Elles seront souillées. Alors Aggée, reprenant la parole, dit : Tel est ce peuple, telle est cette nation devant moi, dit l'Eternel, Telles sont toutes les œuvres de leurs mains : Ce qu'ils m'offrent là est souillé. Considérez donc attentivement Ce qui s'est passé jusqu'à ce jour, Avant qu'on ait mis pierre sur pierre au temple de l'Eternel! Y avait-il encore dans la semence dans les greniers ? Même la vigne, le figuier, le grenadier et l'olivier, N'ont rien rapporté. Mais dès ce jour je répandrai ma bénédiction.

Aggée 2:10/15,19

Ce nouveau message du prophète commence par une leçon de théologie adressée à ses collègues sacrificateurs :
Replaçons-nous dans le contexte de la loi mosaïque et comprenons ce que signifie cet enseignement.
Dans le premier cas, un homme que l'on considère en état de pureté, transporte de la nourriture consacrée qu'il met en contact avec des aliments quelconques, profanes. Ceux-ci seront ils sanctifiés par la viande consacrée ? Les sacrificateurs qui

connaissaient parfaitement la « Tora » répondent sans hésiter : Le contact d'un élément sacré ne sanctifie pas une chose profane.

Dans le second cas, un homme va mettre le cadavre d'un animal, matière impure par excellence, en contact avec toutes ces choses, aussi bien la chair consacrée que les aliments profanes. Est-ce que seul ce qui est profane sera impur ? Est-ce que seul ce qui est sacré deviendra impur ? Ou deviendront-ils impurs l'un et l'autre ? La réponse des sacrificateurs est de nouveau unanime : tout sera souillé.

Le message du prophète est donc clair : Ne vous imaginez pas que votre religiosité sanctifiera votre vie menée à l'écart de Dieu.

La religiosité ne sanctifie pas le péché, mais le péché souille l'Église.

C'est cet enseignement qu'il développe dans les versets 14 à 19, mais cette série de reproches et de malédictions se termine par une promesse : « Mais dès ce jour, je répandrai ma bénédiction ».

Dieu n'abandonne pas son peuple qui pèche, pourvu qu'il prenne conscience de son péché et se repente.

Abandonnons notre religiosité et notre piété apparente dont nous parle l'apôtre Paul, celle-ci ne nous délivrera pas du péché. Jetons-nous aux pieds du Sauveur-Tout-Puissant et plongeons-nous dans sa grâce infinie. Après la disette viendra l'abondance.

Reconnaissons Jésus-Christ comme seul maître et sa parole comme seule vérité, et nous verrons, après les sombres jours, des moments merveilleux où il nous parlera par son esprit. Il nous revêtira, comme au temps des apôtres, de toute sa puissance. Il nous armera pour vaincre en son nom les forces de plus en plus acharnées du malin. Il réveillera son Église endormie. Il fera lever de tous les milieux chrétiens ceux-là seuls qui espèrent en lui, l'ont reçu comme sauveur personnel et ne veulent vivre que pour lui. Il relèvera la tête de ses enfants qui braveront la tempête et qui deviendront, ainsi que Jésus l'a dit, « *la lumière du monde* ». Cette lumière sera capable d'éclairer ceux qui cherchent la vérité au milieu des ténèbres, de plus en plus épaisses, de la nuit des temps de la fin.

***Depuis le temps de vos pères, vous vous êtes écartés de mes ordonnances, Vous ne** les avez point observées. Revenez à moi, et je reviendrai à vous, dit l'Eternel des armées. Et vous dites : En quoi devons-nous revenir ? Un homme trompe-t-il Dieu ? Car vous me trompez, Et vous dites: En quoi t'avons-nous trompé ? Dans les dîmes et les offrandes. Vous êtes frappé par la malédiction, Et vous me trompez, La nation tout entière ! Apportez à la maison du trésor toutes les dîmes, Afin qu'il y ait de la nourriture dans ma maison ; Mettez-moi de la sorte à l'épreuve, Dit l'Eternel des armées, Et vous verrez si je n'ouvre pas pour vous les écluses des cieux, Si je ne répands pas sur vous la bénédiction en abondance.*

Malachie 3:7/10

La parole de l'Eternel fut adressée pour la seconde fois à Aggée, le vingt-quatrième jour du mois, en ces mots : Parle à Zorobabel, gouverneur de Juda, et dis : J'ébranlerai les cieux et la terre; Je renverserai le trône des royaumes, Je détruirai la force des royaumes des nations, Je renverserai les chars et ceux qui les montent ; Les chevaux et leurs cavaliers seront abattus, L'un par l'épée de l'autre. En ce jour-là, dit l'Eternel des armées, Je te prendrai, Zorobabel, fils de Schealthiel, Mon serviteur, dit l'Eternel, Et je te garderai comme un sceau; Car je t'ai choisi, dit l'Eternel des armées.

Aggée 2:20/23

Le livre d'Aggée se referme sur une vision du jugement final. Pour le monde qui a refusé le message salvateur de Jésus-Christ, c'est un jour de terreur qui se prépare. Le verset 6 nous rappelle l'imminence de ce jugement que subiront l'atmosphère, les continents et les océans. Le prophète nous donne l'image d'un bouleversement planétaire.

Après les catastrophes naturelles du verset 6 apparaissent les bouleversements politiques au verset 22. Nous assistons depuis plusieurs années aux efforts impuissants de nos politiciens pour tirer notre pays de l'anarchie et de l'obscurantisme qui s'y installent. Les gouvernements de droite succèdent à des gouvernements de gauche et réciproquement, mais la décadence de notre civilisation dite chrétienne s'accélère, jusqu'à sa chute inévitable. Plusieurs pays d'Asie qui, jusqu'ici semblaient épargnés par la crise qui paralyse l'occident se trouvent brusquement confrontés à cette réalité. Le monde est dans l'épouvante. Il tend les mains désespérées vers ses idoles : des hommes qui, pour les rassurer, prétendent maîtriser la situation, mais les idoles elles-mêmes constatent leur impuissance avec effroi.

Un jour d'orage, quelqu'un disait à un chrétien que le « bon-Dieu » était en train de se fâcher. Ce frère lui répondit : « Quand tu verras un glaçon de quarante kilos tomber dans ton pastis, tu sauras ce qu'est la colère de Dieu. »

Le sixième versa sa coupe sur le grand fleuve, l'Euphrate. Et son eau tarit, pour préparer la voie aux rois qui viennent de l'Orient. Je vis sortir de la gueule du dragon, de la gueule de la bête, et de la bouche du faux prophète, trois esprits impurs, semblables à des grenouilles. Car ce sont des esprits de démons, qui font des prodiges, et qui vont vers les rois de toute la terre, afin de les rassembler pour le combat du grand jour du Dieu Tout-Puissant. Voici, je viens comme un voleur. Heureux celui qui veille, et qui garde ses vêtements, afin qu'il ne marche pas nu et qu'on ne voie pas sa honte ! - Ils les rassemblèrent dans le lieu appelé en hébreu Armageddon. Le septième versa sa coupe dans l'air. Et il sortit du temple, du trône, une voix forte qui disait : C'en est fait ! Et il y eut des éclairs, des voix, des coups de tonnerre, et un grand tremblement de terre, tel qu'il n'y avait jamais eu depuis que l'homme est sur la terre un aussi grand tremblement. Et la grande ville fut divisée en trois parties, les villes des nations tombèrent, et Dieu, se souvint de Babylone la grande, pour lui donner la coupe du vin de son ardente colère. Toutes les îles s'enfuirent, et les montagnes ne furent pas retrouvées. Et une grosse grêle, dont les grêlons pesaient un talent, tomba du ciel sur les hommes; et les hommes blasphémèrent Dieu à cause du fléau de la grêle, parce que ce fléau était très grand.

Apocalypse 16:12/21

Mais le plan de Dieu est tout différent pour Zorobabel qui, rappelons-le, est l'un des ancêtres de Jésus.
La promesse de l'Eternel à Zorobabel concerne donc Christ et ses rachetés. La promesse faite au bâtisseur du Temple concerne aussi le Temple vivant, qui est l'Église.
A cet effrayant tableau succède une vision de l'amour de Dieu. « *Je te garderai comme un sceau* » *(verset 23).* Le sceau étant une marque de la royauté. Christ nous rappelle que nous sommes fils et filles de roi. Il nous établira dans son palais et, pendant qu'ici-bas l'Antéchrist établira son royaume de terreur, le Christ Jésus préparera dans les lieux célestes son règne d'amour et de paix.

Voici, je viens bientôt, et ma rétribution est avec moi, pour rendre à chacun selon son œuvre. Je suis l'alpha et l'oméga, le premier et le dernier, le commencement et la fin. Heureux ceux qui lavent leurs robes, afin d'avoir droit à l'arbre de vie, et d'entrer par les portes dans la ville ! Dehors les chiens, les magiciens, les débauchés, les meurtriers, les idolâtres, et quiconque aime et pratique le mensonge ! Moi Jésus, j'ai envoyé mon ange pour vous attester ces choses dans les Églises. Je suis le rejeton et la postérité de David, l'étoile brillante du matin. Et l'Esprit et l'épouse disent : Viens. Et que celui qui entend dise : Viens. Et que celui qui a soif vienne; que celui qui veut prenne de l'eau de la vie, gratuitement.

Apocalypse 22:12/17

Il est temps pour nous de reconstruire, de nous remettre à l'œuvre, de demander pardon à notre Seigneur pour notre tiédeur et notre négligence.
Il est temps d'aller travailler dans la moisson du maître, avant que la récolte soit perdue. Si nous recevons de lui toute la puissance de son Esprit-Saint, le temps que nous avons dilapidé par amour du siècle présent sera reconquis :

Rachetez le temps, car les jours sont mauvais.

Ephésiens 5:16

Il faut que je fasse, tandis qu'il est jour, les œuvres de celui qui m'a envoyé ; la nuit vient, où personne ne peut travailler.

Jean 9:4

La compassion de l'ami

Ouvrons ensemble notre Bible sur l'un des textes les plus anciens : le livre de Job.

"L'homme désespéré a droit à de la compassion de la part d'un ami, oui, même s'il cessait de révérer le Tout–Puissant." Version du « Semeur ».
"Celui qui souffre a droit à la compassion de son ami, Même quand il abandonnerait la crainte du Tout–Puissant." Nouvelle Edition de Genève.

Job 6.14

Certains savent parler de ce qu'ils ne connaissent pas et s'entretiennent de vos propres expériences comme si elles les avaient vécues elles même.
Job, en revanche, nous parle de la souffrance : « *Celui qui souffre ...* ». Si une figure vétérotestamentaire peut nous parler de la souffrance, il s'agit assurément de lui. Au moment où il prononce cette phrase, il n'évoque pas quelque lointain souvenir. Job est bel et bien plongé dans la souffrance. Toute sa vie vient de s'écrouler : sa maison est détruite, tous ses biens sont perdus, ses enfants sont morts, sa femme a renié Dieu, sa santé est ruinée. Et tous ces malheurs se produisent en l'espace d'un souffle.
« *Celui qui souffre à droit à la compassion de ses amis.* » Des amis, Job en a, justement. Et il en a précisément trois qui vont peut-être user de leur droit de compassion. Trois vieux penseurs, trois beaux parleurs qui prétendent tout savoir de la vie et tout connaître des pensées de Dieu. Trois prêcheurs qui prétendent lui donner une leçon sur la souffrance, ses causes et ses effets. Mais aucun d'eux n'avait vécu ce que Job endurait. Ceux qui n'ont pas souffert ne connaissent pas la compassion. Compassion signifie étymologiquement : « *souffrir avec* ».
Nous connaissons quelqu'un qui est vraiment digne de nous enseigner au sujet de la souffrance pour avoir lui-même beaucoup souffert. Il s'agit de notre Seigneur Jésus-Christ. Il nous a montré l'exemple de la souffrance, il nous a aussi montré celui de la compassion.
Ceux qui sont appelés à servir Jésus-Christ sont également appelés à souffrir. Moïse, avant d'être qualifié pour conduire le peuple de Dieu, a dû vivre quarante pénibles années de désert. Cette souffrance au désert est indispensable à la formation de chaque ouvrier.
Que pourrait dire à ses brebis meurtries un pasteur qui n'aurait jamais souffert : « Ce n'est rien tout cela, ma sœur, dites alléluia ! et tout ira mieux. »
Non, le pasteur qui n'a jamais connu la souffrance ne peut avoir compassion de ses brebis. Lisons plutôt :

"Celui qui n'est pas le berger, qui n'est pas le propriétaire des brebis, mais que l'on paye pour les garder, se sauve, lui, dès qu'il voit venir le loup, et il abandonne les brebis ; alors le loup se précipite sur elles, il s'empare de quelques–unes et disperse le troupeau."

Jean 10.12

Voici un mercenaire qui trouve ses brebis dans la détresse : aucune compassion ! Leur sort ne l'intéresse pas. Ce qui compte pour lui, c'est sa sécurité, son confort, alors il va se mettre à l'abri. Il ne se met pas en peine des brebis. L'indifférence accompagne la recherche de son propre intérêt : La première place dans l'église, le prestige, le privilège de faire valoir son talent d'orateur.

La souffrance de mon frère est constamment en face de moi. Dans mon église, j'ai des frères qui souffrent pour de multiples raisons, et certains souffrent en silence, sans jamais se plaindre à quiconque. D'autres, malgré leur souffrance continuent de proclamer que Dieu est fidèle et bon, que Jésus les a libérés et qu'il a mis de la paix et de la joie dans leurs cœurs. Quels merveilleux témoins !

La maladie est une cause de souffrance. Je crois au Dieu qui guérit. Mais nous ne devons pas tomber dans le piège qui consiste à considérer le Seigneur comme une machine à miracles.

En théorie, il n'y aurait alors pas d'exception : Tous ceux qui vont à l'imposition des mains doivent être guéris. En pratique, c'est autre chose. Et nos théologiens de s'interroger : Pourquoi tant de gens n'obtiennent-ils pas la guérison ?

Trois éléments sont à considérer : Dieu dont la Bible dit : « *C'est lui qui te guérit de toutes tes maladies* », le pasteur qui impose les mains, et le malade qui n'est pas guéri.

Ce n'est pas la faute de Dieu, bien sur.

Ce n'est pas la faute du pasteur, allons ! Soyons sérieux !

Il ne reste que notre pauvre malade, bouc émissaire et victime expiatoire. Quand on ne lui dit pas d'emblée qu'il a un interdit dans sa vie, on lui sert une formule poncepilatoïdale : « C'est parce que vous n'avez pas saisi votre guérison par la foi. Saisissez votre guérison par la foi et vous serez guéri. »

La souffrance de mon frère peut venir de la persécution, et ceci même au sein de la démocratie. Certains sont persécutés dans leur travail, les autres dans leur famille ou dans leur voisinage. Si nous avons une famille convertie, ou tolérante, sachons réaliser que c'est un privilège.

Lorsque j'ai débuté dans le ministère, comme pasteur stagiaire-stagiaire, je devais assurer dans la même journée deux réunion dans un village éloigné de l'église mère, une l'après-midi, une le soir. Cette petite église était réunie presque au complet le soir, mais l'après-midi, il n'y avait que trois ou quatre personnes, dont une mère et sa fille. J'avais alors demandé au pasteur s'il n'était pas plus judicieux de supprimer la réunion de l'après-midi et de demander à ces braves gens de venir le soir.

« Nous ne pouvons pas faire cela, » m'a-t-il répondu, « parce que ces deux sœurs ne peuvent venir que l'après-midi, en cachette, pendant que le mari est au travail. »

Cela m'a paru, effectivement une bonne raison. D'ailleurs, l'auteur de l'épître aux Hébreux nous exhorte à ne pas oublier ceux qui sont persécutés à cause de leur foi :

"Ayez le souci de ceux qui sont en prison, comme si vous étiez enchaînés avec eux, et de ceux qui sont maltraités, puisque vous aussi vous partagez leur condition terrestre."

Hébreux 13.3

Il n'est pas malaisé de comprendre que les véritables amis se reconnaissent dans les jours de détresse, Job lui-même en fait la cruelle expérience quand il déclare :

"Ils ont horreur de moi, tous mes amis. Ceux que j'aimais le plus se tournent contre moi."

Job 19.19

En est-il autrement parmi les chrétiens ? Est-ce que « *celui qui souffre à droit à la compassion de ses amis* », de ses frères ?
Le sage Salomon a su reconnaître la différence entre l'ami intéressé qui vous aime pour votre réputation, pour votre table ou pour votre cave, et le véritable ami qui est prêt a traverser avec vous, s'il le faut, la « *vallée de l'ombre de la mort* ».

"Un ami aime en tout temps et, quand survient l'adversité, il se révèle un frère."

Proverbes 17.17

Chaque chrétien a été investi d'une mission auprès des frères éprouvés :

"Aidez–vous les uns les autres à porter vos fardeaux. De cette manière, vous accomplirez la loi du Christ."

Galates 6.2

Job va beaucoup plus avant dans ses affirmations :

Celui qui souffre a droit à la compassion de son ami, Même quand il abandonnerait la crainte du Tout-Puissant.

Job 6.14

Beaucoup pensent différemment, à commencer par les fameux amis de job. « *Celui qui souffre à droit à la compassion de ses amis* », soit. « *Quand même il abandonnerait la crainte du Tout-Puissant* », alors-là non !
Aurez-vous un cœur compatissant et une main tendue vers votre ami rétrograde ?
Il existe deux façons d'abandonner la crainte du Tout-Puissant : la vrai et la fausse apostasie. Le faux rétrograde est celui qui, traversant une crise momentanée, s'éloigne de Dieu. Il se retire de la communion fraternelle, range sa Bible dans un tiroir, perd l'habitude de prier. Mais l'amour de Dieu est toujours dans le fond de son cœur et, à cause de cet amour qui ne l'a pas quitté, il se sent tôt ou tard repris pas le Saint-Esprit. Il demande pardon au Seigneur et revient à une vie chrétienne normale.

Je prends le risque d'affirmer que si Jésus à son retour vous trouve dans une telle situation, vous serez tout de même enlevé. Mais bien entendu, mon propos n'est pas de minimiser la gravité d'une séparation d'avec Dieu.

Le vrai rétrograde est celui qui s'est totalement détourné de Dieu. Peut-être, au départ n'a-t-il pas expérimenté une authentique conversion, le fait est qu'il a tiré un trait sur sa vie chrétienne et dans son cœur, il n'y a plus la moindre trace d'amour pour celui qui, pourtant, a donné sa vie pour lui. L'apôtre Pierre parle de lui en ces termes :

"Si, après s'être arrachés aux influences corruptrices du monde par la connaissance qu'ils ont eue de notre Seigneur et Sauveur Jésus–Christ, ils se laissent de nouveau prendre et dominer par elles, leur dernière condition est pire que la première."

2 Pierre 2.20

Je ne vois plus mon frère venir à l'église, et pourtant il n'a pas déménagé. Vrai ou faux rétrograde, je suis en droit de m'inquiéter de son absence. J'en ai même le devoir.

Est-il devenu rétrograde à cause de lui-même ?

Il est possible qu'un péché non confessé soit à l'origine de sa chute. Pour les amis de Job, il n'y a pas d'autre explication à ses déboires.

Mais bien trop souvent, ayons le courage de l'admettre, des chrétiens sont responsables de la chute d'autres chrétiens. Et je dois me poser cette question et y répondre honnêtement :

« Pourquoi mon frère a-t-il lâché la main du Seigneur ? Est-ce à cause de lui-même ? Est-ce à cause de ses frères en Christ ? Est-ce à cause de moi ? »

Certaines églises prient beaucoup pour les rétrogrades. Elles en ont une liste impressionnante. On peut dire qu'elles ressemblent au tonneau des Danaïdes : plus on les remplis et plus elles sont vides. Prier pour les rétrogrades sécurise ou déculpabilise dans bien des cas. Mon frère est rétrograde, c'est forcément sa faute, il était mal affermi dans la foi.

Préférons-nous plutôt agir et parler comme le pharisien de la parabole : « Merci Seigneur de ce que je te suis resté fidèle, et ramène à toi tous ceux qui t'ont quitté. » ?

Il existe dans le monde évangélique des églises exclusives : hors de mon clocher, point de salut. Leur liste de rétrograde fait alors apparaître une troisième forme d'apostasie, définie selon des critères humains : ceux qui ont « changé de crémerie ». Ils ne font plus partie de leur paroisse, donc ils ne sont plus chrétiens.

Avez-vous remarqué l'attitude des chrétiens très spirituels quand par hasard, à « Auchan » ou « Carrefour », ils se trouvent nez-à-nez avec un de ces renégats ? Il faut les voir détaler avec leur petit "caddie" qui ne roule pas droit comme s'ils avaient rencontré le diable entre deux boites de ravioli !

Est-ainsi que celui qui souffre, bien souvent à cause de son église, bénéficie de la compassion de son ami ?

A l'instar de l'apôtre Paul, ayons de l'amour pour celui qui souffre, quand même il se révolterait contre Dieu. C'est à ce moment là qu'il a le plus besoin de l'amour des chrétiens.

Paul, face à cette souffrance et à la chute de son frère ressent déjà les brûlures de l'enfer. Quel amour !

"En effet, qui est faible sans que je sois faible ? Qui tombe sans que cela me brûle ?"
2 Corinthiens 11.29

Il est tragique de voir des assemblées perdre leurs frères, souvent dans l'indifférence, certains même s'en réjouissent : « Celui-là, ce n'est pas une grosse perte ! »

L'Église est forcément confrontée au problème des brebis malades qui s'éloignent de la bergerie, faute d'y trouver des soins. Son rôle n'est-il pas de gagner des âmes au Seigneur ? Gagner des âmes éloignées en leur annonçant l'Évangile, mais aussi gagner son frère qui a péché ou qui traverse une crise spirituelle plus ou moins grave.

"Qu'en pensez-vous ? Si un homme a cent brebis, et que l'une d'elles s'égare, ne laissera-t-il pas les quatre-vingt-dix-neuf autres dans la montagne, pour aller à la recherche de celle qui s'est égarée ? Et s'il réussit à la retrouver, vraiment, je vous l'assure : cette brebis lui causera plus de joie que les quatre-vingt-dix-neuf autres qui ne s'étaient pas égarées. Il en est de même pour votre Père céleste : il ne veut pas qu'un seul de ces petits se perde. – Si ton frère s'est rendu coupable à ton égard, va le trouver, et convaincs-le de sa faute : mais que cela se passe en tête-à-tête. S'il t'écoute, tu auras gagné ton frère."
Matthieu 18.12/15

L'Église a pour devoir d'exercer la compassion. Elle est composée de membres différents, ayant chacun leurs fardeaux. L'Église peut-elle se réjouir quand un de ses membres est dans l'épreuve. Quand un homme a mal aux dents, c'est l'individu tout entier qui souffre. Il en est ainsi de l'Église que l'apôtre Paul compare à un corps composé de membres indissociables :

"Un membre souffre-t-il ? Tous les autres souffrent avec lui. Un membre est-il à l'honneur ? Tous les autres partagent sa joie."
1 Corinthiens 12.26

L'Église entière doit avoir été éprouvée par la souffrance pour avoir compassion de ceux qui souffrent.

J'ai souffert autrefois de migraine, et je remercie le Seigneur de m'en avoir délivré. Il s'agit de douleurs beaucoup plus violentes qu'une céphalée. Elles sont accompagnées de nausées, et parfois de troubles de la vue. Ceux qui n'en ont jamais souffert ne peuvent comprendre ce qu'on endure quand la crise apparaît : « Quel cinéma pour un malheureux mal de tête ! »

Beaucoup de mes frères et sœurs souffrent de migraines spirituelles. Qui en aura compassion ?

Je me rappelle cette chrétienne qui, chaque fois que quelqu'un lui confiait ses petits tracas répondait invariablement : « Je ne vous comprends pas, moi je n'ai pas tous ces problèmes ! »

Combien nous serions malheureux si Jésus donnait de telles réponses à nos prières !

Fort heureusement, Jésus s'est montré en modèle, pour ce qui touche la compassion. Il nous en a donné la meilleure leçon.

Jésus-Christ s'est révélé comme l'ami qui a compassion de celui qui souffre :

"Aussi, quand Jésus descendit de la barque, il vit une foule nombreuse. Alors il fut pris de pitié pour elle et guérit les malades."

Matthieu 14.14

Christ est celui qui a vu ta souffrance et s'en est véritablement ému. Sur la croix, il s'est chargé de ta maladie, et de ton péché qui en est la cause. Serais-tu aujourd'hui indifférent au malheur de celui qui est encore dans le péché, de celui que Satan tient lié dans la maladie ?

Jésus est aussi celui qui a compassion du rétrograde. Dans la célèbre parabole du « bon Samaritain », il se compare lui-même à cet étranger méprisé du peuple juif. Cet homme qui descendait de Jérusalem à Jéricho, tournant ainsi le dos à la ville sainte pour se rendre dans une ville maudite par le peuple de Dieu, figure celui se détourne des voies divines pour rejoindre le monde. Satan et ses anges (les brigands) l'attendaient au tournant. Ce malheur ne lui serait pas arrivé s'il était demeuré fidèle, mais il ne manque pas de se produire lorsqu'on se détourne du Sauveur. À vues humaines, cette agression n'est que justice. C'est du moins ce qu'on pensé le sacrificateur et le lévite qui pratiquaient une religion sans amour.

"Mais un Samaritain qui passait par là arriva près de cet homme. En le voyant, il fut pris de pitié."

Luc 10.33

Jésus a compassion de celui qui souffre, quant même il aura abandonné la crainte du Tout-Puissant.

Nous nous souvenons comment Pierre, dans un moment de faiblesse et de crainte des hommes, a renié son Maître. Il était devenu rétrograde, mais il a très vite reconnu sa faute et s'en est repenti dans les larmes.

Jésus ressuscité se montre à ses disciples. Pierre était parmi eux. Il devait se sentir dans ses petits souliers. Imaginons l'attitude du Seigneur s'il s'était conduit comme beaucoup de gentils chrétiens, rencontrant un rétrograde sur son chemin. Il n'aurait pas changé de trottoir, parce qu'il n'en existait pas à cette époque, mais il se serait livré à toutes les simagrées propres aux pharisiens : Il aurait déchiré son vêtement, il aurait secoué ses sandales, il aurait jeté de la poussière au-dessus de sa tête…

Jésus s'adresse à Pierre qui s'attendait à un savon carabiné.

"Après le repas, Jésus s'adressa à Simon Pierre : – Simon, fils de Jean, m'aimes-tu plus que ne le font ceux-ci ? – Oui, Seigneur, répondit-il, tu connais mon amour pour toi. Jésus lui dit : – Prends soin de mes agneaux. Puis il lui demanda une deuxième fois : – Simon, fils de Jean, m'aimes-tu ? – Oui, Seigneur, lui répondit Simon. Tu connais mon amour pour toi. Jésus lui dit : – Nourris mes brebis. Jésus lui demanda une troisième fois : – Simon, fils de Jean, as-tu de l'amour pour moi ? Pierre fut peiné car c'était la troisième fois que Jésus lui demandait : « As-tu de l'amour pour moi ? » Il lui répondit : – Seigneur, tu sais tout, tu sais que j'ai de l'amour pour toi. Jésus lui dit : – Prends soin de mes brebis."

Jean 21.15/17

Le Seigneur met Pierre en face de ses faiblesses. Il lui fait réaliser les limites de son amour, qu'il croyait sans défaillances. Par trois fois, Jésus lui dit : « Pais mes agneaux ; pais mes brebis ». Jésus aurait dû lui dire : « Je t'avais appelé à un ministère particulier, mais je me rends bien compte que tu n'es pas assez spirituel pour l'exercer. Tant pis, n'en parlons plus. » Mais il profite justement de cet entretien pour lui confirmer son appel. Merveilleux Seigneur !

Job n'a malheureusement pas trouvé, au milieu de sa souffrance, un véritable ami pour exercer la compassion.

"Sur un orphelin même, vous iriez vous ruer et feriez bon marché de votre ami intime."

Job 6.27

Il a pourtant trouvé le réconfort et le rétablissement dans les paroles de l'Eternel.

Le chrétien qui souffre et qui tombe trouvera forcément en Jésus celui qui use de compassion. Trouvera-t-il chez ses frères le même amour que Christ a démontré ?

"Ainsi, puisque Dieu vous a choisis pour lui appartenir et qu'il vous aime, revêtez-vous d'ardente bonté, de bienveillance, d'humilité, de douceur, de patience-supportez-vous les uns les autres, et si l'un de vous a quelque chose à reprocher à un autre, pardonnez-vous mutuellement ; le Seigneur vous a pardonné : vous aussi, pardonnez-vous de la même manière. Et, par-dessus tout cela, revêtez-vous de l'amour qui est le lien par excellence."

Colossiens 3.12/14

Remplis ton carquois

Elisée était atteint de la maladie dont il mourut ; et Joas, roi d'Israël, descendit vers lui, pleura sur son visage, et dit : Mon père ! Mon père ! Char d'Israël et sa cavalerie ! Elisée lui dit : Prends un arc et des flèches. Et il prit un arc et des flèches. Puis Elisée dit au roi d'Israël : Bande l'arc avec ta main. Et quand il l'eut bandé de sa main, Elisée mit ses mains sur les mains du roi, et il dit : Ouvre la fenêtre à l'orient. Et il l'ouvrit. Elisée dit : Tire. Et il tira. Elisée dit : C'est une flèche de délivrance de la part de l'Eternel, une flèche de délivrance contre les Syriens ; tu battras les Syriens à Aphek jusqu'à leur extermination. Elisée dit encore : Prends les flèches. Et il les prit. Elisée dit au roi d'Israël : Frappe contre terre. Et il frappa trois fois, et s'arrêta. L'homme de Dieu s'irrita contre lui, et dit : Il fallait frapper cinq ou six fois; alors tu aurais battu les Syriens jusqu'à leur extermination; maintenant tu les battras trois fois.

2 Rois 13:14/19

Cet épisode du ministère d'Elisée ne doit pas être pris pour un geste magique ou superstitieux. Il s'agit d'un acte prophétique.

Le roi Joas se trouvait en situation difficile devant l'ennemi Syrien qui le menaçait. Il avait besoin d'un conseil divin et d'une vision de l'issue du combat.

Le combat du chrétien est spirituel.

Car nous n'avons pas à lutter contre la chair et le sang, mais contre les dominations, contre les autorités, contre les princes de ce monde de ténèbres, contre les esprits méchants dans les lieux célestes.

Ephésiens 6:12

Dans ses combats, le chrétien doit nécessairement être guidé par Dieu, tout comme le peuple d'Israël était guidé dans le désert.

Je t'ai conduit pendant quarante années dans le désert ; tes vêtements ne se sont point usés sur toi, et ton soulier ne s'est point usé à ton pied ; vous n'avez point mangé de pain, et vous n'avez bu ni vin ni liqueur forte, afin que vous connaissiez que je suis l'Eternel, votre Dieu. Vous êtes arrivés dans ce lieu ; Sihon, roi de Hesbon, et Og, roi de Basan, sont sortis à notre rencontre, pour nous combattre, et nous les avons battus. Nous avons pris leur pays, et nous l'avons donné en propriété aux Rubénites, aux Gadites et à la moitié de la tribu des Manassites.

Deutéronome 29:5/8

Durant ces 40 ans de pérégrinations, le peuple n'a jamais manqué de rien, ses souliers et ses vêtements ne se sont pas usés. Il en est de même pour le chrétien qui, durant ses années de marche avec Dieu n'a rien usé de sa foi, de son espérance, de son amour, de son ardeur de vivre selon la parole vivante. D'autre part, Israël a toujours été conduit vers la victoire, tant qu'il demeurait fidèle, et c'est vers cet objectif aussi que le Seigneur conduit ses élus. Victoire sur Satan, victoire sur l'incrédulité, victoire sur le découragement, victoire sur l'esprit du monde, victoire dans la persécution, victoire sur l'attiédissement. L'Eternel conduisait son peuple le jour dans la colonne de nuée, la nuit dans la colonne de feu. Cette colonne de feu nous rappelle le Saint-Esprit qui doit diriger la vie des chrétiens.

L'Eternel allait devant eux, le jour dans une colonne de nuée pour les guider dans leur chemin, et la nuit dans une colonne de feu pour les éclairer, afin qu'ils marchent jour et nuit. La colonne de nuée ne se retirait point de devant le peuple pendant le jour, ni la colonne de feu pendant la nuit.

Exode 13:21/22

Nuit et jour, Dieu guide son peuple. Son plan est toujours visible. Quand tout semble être guidé comme nous le voulons, c'est le jour ; quand nous sommes découragés parce que nous ne voyons rien changer, quand nous nous interrogeons sur notre situation et craignons d'avoir manqué le plan divin, c'est la nuit. Alors, le feu de son Esprit va luire pour que nous ne demeurions pas dans le doute.
Dieu a un plan pour toi. Si tu as décidé de le suivre, de le servir quoi qu'il en coûte, il ne te laissera pas sur une voie de garage. Il te conduira, même s'il te faut traverser un long désert.
Quel est le plan de Dieu pour toi ? Il veut te le révéler afin que tu ne sois pas égaré, mais pour cela, il te faut une vision. Je ne parle pas d'une révélation qui se déroulerait devant tes yeux comme une projection cinématographique, mais d'une certitude concernant les projets divins à ton égard. Comme Joas, prends les flèches et tire contre terre. Mais ne tire pas seulement trois fois. Remplis bien ton carquois et tire toutes tes flèches. Ne te contente pas d'une vision limitée, il te faut la pleine vision.
Nous pouvons arrêter notre marche dès que survient la première difficulté. Notre ennemi se charge de placer devant nos yeux des verres grossissants. Le moindre caillou devient alors une montagne infranchissable. Un hérisson sur la route devient un monstre épouvantable, et nous nous lamentons dans nos prières : « Seigneur, tu vois comme je suis dans l'épreuve, aie pitié de moi ! » Et nous sommes surpris de la facilité avec laquelle Dieu balaie l'obstacle.
Elisée avait une pleine vision de la victoire de Dieu, mais son serviteur avait une vision limitée. Il ne voyait que les chars ennemis qui étaient nombreux et bien armés, il dit à Elisée : *« Ah ! Mon Seigneur, comment ferons-nous ? »*
Qu'allons-nous faire ? Qu'allons-nous devenir ? Pourquoi Seigneur ? Voilà des questions que nous posons si souvent à Dieu, parce que nous n'avons que la vision terrestre et la foi limitée du serviteur d'Élisée.

Il fallait que Dieu rassure cet homme dans sa crainte, par une révélation complète, ce qu'il fit :

Elisée pria, et dit: Eternel, ouvre ses yeux, pour qu'il voie. Et l'Eternel ouvrit les yeux du serviteur, qui vit la montagne pleine de chevaux et de chars de feu autour d'Elisée.

2 Rois 6:17

« Inutile de prier pour cet homme, voilà dix ans que je le connais, il ne se convertira jamais ! »

« Vous savez, mon frère, ici le terrain est dur, c'est inutile de s'escrimer à évangéliser, le terrain est trop dur ! »

J'habite l'une des régions les plus fertiles du monde, et l'on viendrait me dire : « Ne perdez pas votre temps à venir y semer, il n'y pousse rien ! »

Ce plat pays qui est devenu le mien a d'ailleurs connu un puissant réveil au temps des Huguenots ; Orléans, qui comptait alors 20 000 habitants voyait venir 2 000 personnes au culte le dimanche.

Le terrain a bon dos. Dieu fait croître n'importe où, pourvu qu'on se donne la peine de semer.

Notre vision pour l'évangélisation est-elle limitée à notre petit clocher ? Allons-nous prêcher dans une cabine téléphonique alors que le Seigneur veut remplir un stade ?

La vision de Joas était seulement de battre les syriens deux ou trois fois. Le plan de Dieu était de faire disparaître définitivement cet ennemi d'Israël. Nous devons tirer toutes nos flèches. Sommes-nous limités par des questions d'argent ? La Bible nous dit :

Et mon Dieu pourvoira à tous vos besoins selon sa richesse, avec gloire, en Jésus-Christ.

Philippiens 4:19

Georges Muller avait la pleine vision. Il n'a pas attendu un hypothétique héritage avant d'entreprendre la construction de son orphelinat. Le Seigneur lui avait révélé son plan et il s'est mis à l'œuvre par la foi. Jamais il n'a fait le moindre appel d'argent : « Je vis par la foi, veuillez adresser vos dons au C.C.P. n° X ». Dieu a pourvu à la construction et au fonctionnement. Jamais un ange n'a parachuté du ciel un coffre fort rempli d'or en barre : Un penny par ci, un panier de pommes de terre par là. Jamais ses orphelins ni lui n'ont manqué de quoi que ce soit. « *Mon Dieu pourvoira,* non pas à vos désirs, *mais à tous vos besoins* ».

Ayons la pleine vision de la croissance de l'Église.

Cette église locale doit non seulement croître numériquement, mais aussi croître en maturité spirituelle, l'un de ces deux aspects ne doit pas se substituer à l'autre.

Ayons la vision d'ouvrir des œuvres nouvelles qui à leur tour se développeront et évangéliseront d'autres villes, jusqu'à ce qu'il existe une église vivante dans chaque village, dans chaque quartier, à chaque coin de rue.

Ayons la pleine vision de former des serviteurs pour nous succéder dans le ministère. Quand bien même de jeunes gens deviendraient plus compétents que nous-mêmes pour poursuivre l'œuvre que Dieu nous a confiée, devons-nous en prendre ombrage ou nous en réjouir devant le Seigneur ?

Ayons la pleine vision du retour imminent du seigneur Jésus, abandonnant nos petites guerres de clochers.

Savez-vous qu'en 1917, alors que les événements que nous connaissons s'abattaient sur la Russie, le clergé officiel, parfaitement inconscient du danger qui pesait sur lui, était divisé sur une polémique de la plus haute gravité ? - La couleur des yeux de la Vierge !

Ayons la pleine vision. L'esprit de l'homme est limité, celui de Dieu est infini. Même si nous pensons avoir une vision étendue de son plan, il veut l'élargir encore.

Le Christ-Jésus marche devant nous. De temps en temps il se retourne pour voir où nous en sommes. Si nous suivons ses pas, il continue d'avancer. Mais si nous traînons la jambe, il s'arrête pour nous attendre afin que nous ne soyons pas découragés.

Si au terme de tant d'années de vie chrétienne, nous n'avons pas progressé d'avantage, c'est que nous n'avons tiré qu'une seule flèche, celle de l'incrédulité. Remplissons maintenant notre carquois et tirons toutes les flèches de la foi.

Voyons grand.

Le soldat, l'athlète et le laboureur

Souffre avec moi, comme un bon soldat de Jésus-Christ. Il n'est pas de soldat qui s'embarrasse des affaires de la vie, s'il veut plaire à celui qui l'a enrôlé ; et l'athlète n'est pas couronné, s'il n'a pas combattu suivant les règles. Le laboureur qui peine doit être le premier à recueillir les fruits.

2 Timothée 2:3/6

Dans cette lettre, l'apôtre Paul exhorte son disciple Timothée à persévérer, ainsi qu'à déverser sur les autres la grâce qu'il a reçue de Christ. C'est ainsi qu'il introduit son deuxième chapitre par ces mots :

Toi donc, mon enfant, fortifie-toi dans la grâce qui est en Jésus-Christ. Et ce que tu as entendu de moi en présence de beaucoup de témoins, confie-le à des hommes fidèles, qui soient capables de l'enseigner aussi à d'autres.

(versets 1/2)

Il l'encourage aussi à souffrir pour la cause de l'Évangile et illustre son exhortation par trois exemples tirés de la vie courante : le disciple de Christ doit agir à la fois comme un soldat, comme un athlète, et comme un laboureur.

Militaire de carrière, sportif de haut niveau, agriculteur. Voilà trois professions qui ne se ressemblent guère. Elles ont pourtant au moins deux points communs.

D'une part, tous trois doivent, dans leur travail, fournir un effort physique considérable.

D'autre part, tous trois s'attendent à voir leurs efforts récompensés. Le militaire espère recevoir un gallon supplémentaire ou une décoration. Le sportif espère monter sur le podium et recevoir une médaille. Quant au cultivateur, il s'attend plus modestement à récolter son blé, avec lequel il pourra nourrir les autres et se nourrir lui-même.

Du point de vue spirituel, ces trois hommes symbolisent la vie chrétienne, qui n'est exempte ni d'efforts ni de souffrances, mais qui aura pour issue une couronne céleste, que nul ne pourra nous ravir.

Paul compare premièrement le chrétien à un soldat. Ce soldat combat pour une république ou pour un roi. Nous combattons, nous aussi, pour le royaume des cieux, pour Jésus-Christ, le Roi des rois et le Seigneur des seigneurs. Nous voulons gagner, et l'ennemi qu'il nous faut vaincre, c'est Satan. Son armée, c'est celle des démons. La parole de Dieu est l'épée avec laquelle nous combattons. C'est une arme puissante. Le soldat qui refuse le combat sera appelé déserteur. Quelqu'un a dit qu'une église qui n'est pas missionnaire est une église démissionnaire. Que Dieu nous garde d'être un jour déserteurs de son armée. Combattons !

Ce soldat en campagne *« ne s'embarrasse pas des affaires de la vie »*. Il ne doit s'intéresser qu'à son combat. Lorsque j'ai fait mon service militaire, dans le nord de la France, on m'a envoyé jouer à la guerre plusieurs jours en forêt de Mormal. Il fallait transporter la tente, le casque lourd et le casque léger, sans compter les gamelles et les bidons. Pour moi qui n'avais rien d'un athlète, ce paquetage était très lourd, et pourtant, il ne contenait que le strict nécessaire. Cette campagne m'aurait été plus pénible encore si j'avais voulu emporter ma bibliothèque, ma clarinette, ma machine à écrire … !

Guillaume Apollinaire, célèbre poète français avait un jour l'esprit totalement absorbé par la lecture d'un autre poète français quand une goutte de sang tomba sur son livre et interrompit sa lecture. C'est alors qu'il se rappela brutalement à quel endroit il était. Il se trouvait aux environs de Verdun, dans une tranchée, et une balle allemande l'avait légèrement blessé. C'est à cet instant qu'il réalisa que l'ennemi était en face de lui et a failli le tuer. Il lisait…

Combien de fois nous sommes nous préoccupés des choses du monde et nous sommes nous amusés, comme le lièvre de la fable, à tout autre chose qu'à la gageure, au risque d'être pris à revers par l'ennemi ?

Nous serions tentés de croire que ce soldat ne s'encombre pas des choses de la vie parce qu'il tient justement à sauver sa vie. Mais Paul nous précise qu'il se comporte ainsi parce qu'il veut plaire à celui qui l'a enrôlé. C'est le Roi des rois qui nous a enrôlés, et c'est à lui que nous voulons plaire.

C'est pour cela aussi que nous nous efforçons de lui être agréables, soit que nous demeurions dans ce corps, soit que nous le quittions.

2 Corinthiens 5:9

Si nous nous engageons dans l'armée de Christ, c'est pour lui, et non pour nous mêmes. Certains voudront s'engager en pensant à la solde. Tels des mercenaires, ils ne combattront pas pour le royaume mais pour une récompense quelconque : « Je me convertis, Seigneur, mais c'est donnant-donnant. Tu feras prospérer mon commerce. » Le véritable chrétien, au contraire, se donne entièrement à Christ, sans espérance de compensation. Dieu nous « indemnisera » de toute façon :

Jésus leur répondit : Je vous le dis en vérité, quand le Fils de l'homme, au renouvellement de toutes choses, sera assis sur le trône de sa gloire, vous qui m'avez suivi, vous serez de même assis sur douze trônes, et vous jugerez les douze tribus d'Israël. Et quiconque aura quitté, à cause de mon nom, ses frères, ou ses sœurs, ou son père, ou sa mère, ou sa femme, ou ses enfants, ou ses terres, ou ses maisons, recevra le centuple, et héritera la vie éternelle.

Matthieu 19:28/29

Le disciple de Christ est ensuite comparé à un athlète. Celui-ci aussi va mener un combat. Il s'engage dans une guerre sans arme. S'il est vainqueur, la gloire de son pays rejaillira sur lui, et sa gloire rejaillira sur son pays.

Quand le chrétien court sur la piste, c'est la gloire de Jésus qui va se manifester et Satan sera jeté dans la confusion.

Certains prétendent être sportifs parce qu'ils regardent la coupe du monde à la télévision mais ne se montreront jamais sur un stade. Ce sont les avant-centres de la charentaise et les gardiens de but du fauteuil Voltaire. Ne soyons pas de ces paroissiens : Chrétiens le dimanche matin, mondains le reste de la semaine, ce n'est pas ainsi que nous remporterons la couronne réservée au vainqueur.

En 1936, à Berlin, Hitler avait organisé des jeux olympiques dans un esprit tout à fait particulier. Il voulait prouver au monde que l'Allemagne était indestructible, que le peuple allemand était le plus fort et que la race aryenne était supérieure. L'Allemagne devait remporter toutes les épreuves. Or, une certaine épreuve de course à pieds à été gagnée par un athlète craignant Dieu, de type afro-américain : *Jessie Owens*. Quelle ne fut pas la rage et l'humiliation du dictateur qui, selon la chronique, s'essuya en public après avoir dû serrer la main d'un homme de couleur !

Le diable agit de la même façon qu'Adolf Hitler : Il veut écraser tous ceux qui ne sont pas de sa race. Noirs ou blancs, Européens ou Asiatiques, il hait les chrétiens. Mais tous ceux qui se sont engagés pour Christ ruineront ainsi ses projets.

Nous courons et une couronne nous est réservée, si toutefois nous combattons selon les règles, faute de quoi nous serons disqualifiés.

Il ne doit y avoir d'anabolisants dans la pharmacie des enfants de Dieu. Gardons-nous de la « gonflette » spirituelle.

Ceux qui me disent : Seigneur, Seigneur ! n'entreront pas tous dans le royaume des cieux, mais seulement celui qui fait la volonté de mon Père qui est dans les cieux. Plusieurs me diront en ce jour-là : Seigneur, Seigneur, n'avons-nous pas prophétisé par ton nom ? N'avons-nous pas chassé des démons par ton nom ? Et n'avons-nous pas fait beaucoup de miracles par ton nom ? Alors je leur dirai ouvertement : Je ne vous ai jamais connus, retirez-vous de moi, vous qui commettez l'iniquité.

Matthieu 7:21/23

Ceux-là n'auront pas combattu selon les règles. « *Ils ont eu l'apparence de la piété mais ont renié ce qui en fait la force* »
(2 Timothée 3.5).

Ne savez-vous pas que ceux qui courent dans le stade courent tous, mais qu'un seul remporte le prix ? Courez de manière à le remporter. Tous ceux qui combattent s'imposent toute espèce d'abstinences, et ils le font pour obtenir une couronne corruptible ; mais nous, faisons-le pour une couronne incorruptible. Moi donc, je cours, non pas comme à l'aventure ; je frappe, non pas comme battant l'air. Mais je traite durement mon corps et je le tiens assujetti, de peur d'être moi-même désapprouvé après avoir prêché aux autres.

1 Corinthiens 9:24/27

Pour ne pas être disqualifié, l'athlète devra répondre à une autre condition : traiter durement son corps. Il en est ainsi pour notre corps spirituel. Le sportif s'entraîne quotidiennement, et nous devons en faire de même. Ne nous attendons pas, sitôt sorti du baptistère, à soulever des montagnes par la foi. Il nous faut un exercice journalier :

Exerce-toi à la piété; car l'exercice corporel est utile à peu de chose, tandis que la piété est utile à tout : elle a la promesse de la vie présente et de celle qui est à venir.

1 Timothée 4:8

Milon de Crotone fut l'un des plus grands athlètes de la Grèce antique. Adolescent, vivant à la campagne, il avait l'habitude de voir des vaches, des moutons, des cochons, etc. Un jour il vit naître un veau. Il le prit dans ses bras, le souleva au-dessus de sa tête et le reposa. Il fit la même chose le lendemain, le surlendemain, et les autres jours, jusqu'à ce que ce veau soit devenu un magnifique taureau d'une demie-tonne. Et Milon de Crotone prenait le taureau, le soulevait au-dessus de sa tête et le reposait. Il s'était entraîné progressivement pour les jeux olympiques, et il a facilement gagné.

C'est ainsi que nous faisons de notre marche chrétienne un combat victorieux, à forces d'expériences, quelquefois douloureuses. Quand je me suis converti, tout était si merveilleux ! Je me déplaçais sur coussin d'air, et j'étais comme un enfant à qui l'on apprend à écrire, en lui tenant la main pour former ses lettres. Et je me sentais envahi d'un bonheur extrême. Au bout de quelque mois de vie chrétienne, ces merveilleux sentiments avaient disparu. Que s'était-il donc passé ? Dieu m'avait-il abandonné ? Avais-je déjà perdu la foi ? Pas le moins du monde. Le Seigneur me disait simplement : « Maintenant que tu as commencé à progresser, je n'ai plus besoin de te tenir la main, c'est à toi d'apprendre à écrire tout seul. » C'est ainsi que par paliers successifs, de progrès en progrès, Dieu va conduire chaque chrétien nouvellement converti vers la maturité spirituelle, afin que nous soyons prêts pour les jeux olympiques de la cité céleste où une couronne est réservée au vainqueur.

Cette couronne, dont il nous est parlé au verset 5 est incorruptible. Celle qui est attribuée aux grands vainqueurs de ce monde est corruptible, parce qu'avec les années, la puissance du corps diminue. À trente ans, un sportif doit penser à sa retraite et laisser sa place à des jeunes qui seront des champions à leur tour et le feront oublier. Si certains chrétiens peuvent vivre cent ans, ils seront des champions de Dieu pendant cent ans. Et quand le Seigneur les reprendra, ils seront encore des champions de Dieu pendant l'Eternité.

Le laboureur a quelque chose de moins que le soldat ou que l'athlète : Il n'aura pas de médaille en récompense de son effort. On ne joue pas la Marseillaise quand il monte sur son tracteur. Aucune gloire humaine ne lui sera réservée alors qu'il se donne autant de peine que les deux autres. Les hommes mangeront du pain fabriqué avec son blé sans avoir aucune pensée pour lui.

« Quelle injustice ! » Me direz-vous.

Mais Dieu jette sur les hommes un regard bien différent. Si ce laboureur n'a aucune gloire terrestre devant lui, il récoltera le fruit de son travail et recevra la gloire dans le ciel. Cet homme nous rappelle les enfants de Dieu qui sèment dans le silence. Ceux qui n'auront jamais l'occasion de prêcher, ceux qu'on ne verra jamais chanter ou jouer de la musique en public, mais qui dans le secret, sèment la puissante parole de Dieu. Un homme a labouré, un autre a semé, un autre encore récoltera, l'important, c'est que Dieu fait croître.

Tout ce travail ne se fait ni en un jour, ni en un an. Il faut de la patience pour travailler à la moisson de Dieu. A ce sujet, l'apôtre Jacques écrit :

Soyez donc patients, frères, jusqu'à l'avènement du Seigneur. Voici, le laboureur attend le précieux fruit de la terre, prenant patience à son égard, jusqu'à ce qu'il ait reçu les pluies de la première et de l'arrière-saison.

Jacques 5:7

Quand j'étais écolier, l'instituteur avait expliqué que si l'on plantait en terre un noyau de cerise, il pousserait un cerisier. Fort de cette information, je me suis empressé de planter chez moi un noyau de cerise dans un pot de fleurs. Quelle ne fut pas ma joie quand le lendemain, je vis deux belles cerises sorties de terre ! Le surlendemain, je suis revenu voir mon pot, m'attendant à y voir une belle grappe de cerises, mais il n'y en avait pas une de plus. Le jour suivant, je n'ai trouvé que deux noyaux au bout de leur queue, parce que les moineaux n'ont pas eu la patience d'attendre que le cerisier ait poussé. J'ai compris plus tard que c'était ma grand-mère qui, par plaisanterie, avait planté les deux cerises dans mon pot de fleurs et qu'il faut attendre plusieurs années pour que ce noyau devienne un cerisier chargé de bons fruits.

Quand nous plantons pour Dieu, nous voudrions voir le fruit tout de suite, des conversions immédiates, et une église qui grandit comme un champignon. Le Seigneur peut faire croître notre église comme un champignon, mais il peut aussi la faire grandir comme un platane, avec lenteur, mais combien plus de solidité.
Si l'œuvre croît lentement, nous pouvons nous décourager : Il y a des rebouteux et des sorciers dans le pays, c'est pour cela que l'Évangile n'avance pas ! Est-ce vraiment le Seigneur qui m'a envoyé ici ?
Mon frère, ma sœur, si votre Seigneur vous a ordonné de labourer tel ou tel champ, de travailler dans telle région, faites-lui confiance. Même s'il vous faut des mois et des années pour voir le fruit, persévérez.

Ceux qui sèment avec larmes Moissonneront avec chants d'allégresse. Celui qui marche en pleurant, quand il porte la semence, Revient avec allégresse, quand il porte ses gerbes.

Psaume 126:5/7

Berger d'une seule brebis

Philippe, étant descendu dans la ville de Samarie, y prêcha le Christ. Les foules tout entières étaient attentives à ce que disait Philippe, lorsqu'elles apprirent et virent les miracles qu'il faisait.

Actes 8:5/6

Les apôtres, qui étaient à Jérusalem, ayant appris que la Samarie avait reçu la parole de Dieu, y envoyèrent Pierre et Jean. Ceux-ci, arrivés chez les Samaritains, prièrent pour eux, afin qu'ils reçoivent le Saint-Esprit. Car il n'était encore descendu sur aucun d'eux; ils avaient seulement été baptisés au nom du Seigneur Jésus. Alors Pierre et Jean leur imposèrent les mains, et ils reçurent le Saint-Esprit.

Actes 8:14/17

Un ange du Seigneur, s'adressant à Philippe, lui dit : Lève-toi, et va du côté du midi, sur le chemin qui descend de Jérusalem à Gaza, celui qui est désert. Il se leva, et partit. Et voici, un Ethiopien, un eunuque, ministre de Candace, reine d'Ethiopie, et surintendant de tous ses trésors, venu à Jérusalem pour adorer, s'en retournait, assis sur son char, et lisait le prophète Esaïe. L'Esprit dit à Philippe : Avance, et approche-toi de ce char.

Actes 8:26/29

Les cent-vingt disciples qui, réunis le jour de la Pentecôte, ont reçu la puissance du Saint-Esprit comme des langues de feu, ont-ils réalisé d'emblée que leur mission ne se bornait pas à évangéliser leur ville, Jérusalem, mais qu'ils devaient voyager parmi toutes les nations pour annoncer aux peuples la bonne nouvelle du salut ? Probablement pas. Il est souvent nécessaire, pour activer notre compréhension de son plan, que Dieu nous donne un petit coup de pouce, quelquefois douloureux. C'est ce qu'il fit à Jérusalem en permettant une persécution qu'il avait pourtant le pouvoir d'empêcher, et dont Etienne fut la première victime.

Et ils lapidaient Etienne, qui priait et disait : Seigneur Jésus, reçois mon esprit !

Actes 7:59

Philippe est donc ainsi amené à prêcher à Samarie. C'était une ville « vierge », personne n'y avait proclamé l'Évangile, hormis Jésus lui-même. Il n'y avait pas d'églises, pas de concurrence. Le diacre va y commencer un ministère richement béni.

Nous lisons au verset 5 qu'il va d'abord y prêcher le Christ. Ne présentons rien d'autre au pécheur que Christ crucifié
(1 Corinthiens 2.2).
Les foules se pressaient pour écouter sa prédication et, d'un commun accord, s'attachaient à ce qu'il disait *(verset 6)*. La parole de Philippe, appuyée par le Saint-Esprit, interpellait personnellement chaque individu et le convainquait de péché.
Ces hommes sont également convaincus par les miracles que Dieu accomplit par les mains de son serviteur. Puissions-nous aujourd'hui être le peuple par lequel Dieu opère les mêmes prodiges, mais surtout par lequel il fait tomber les pécheurs à genoux !
Ils avaient compris que les miracles étaient un moyen pour Dieu de démontrer sa puissance et de glorifier son nom. Mais nous ne devrions pas faire du miracle, souvent bien orchestré, un objet de spectacle pour émerveiller le touriste.

Alors quelques-uns des scribes et des pharisiens prirent la parole, et dirent : Maître, nous voudrions te voir faire un miracle. Il leur répondit : Une génération méchante et adultère demande un miracle ; il ne lui sera donné d'autre miracle que celui du prophète Jonas.

Matthieu 12:38/39

Tous, à Samarie avaient compris le but de Dieu, sauf un certain Simon. Celui-ci faisait du miracle et de la délivrance un objet de commerce. Quand il a vu les prodiges qui s'opéraient par la main de l'évangéliste, il a tout de suite raisonné en termes de « chiffre d'affaires, productivité, pertes et profits, faire face à la concurrence, etc. » Il a pensé qu'un bon investissement devrait permettre à son entreprise de conquérir de nouvelles parts de marché. Vous pourrez lire aux *versets 18 à 20* sa démarche malencontreuse.
Mais les miracles opérés par Philippe servaient la gloire de Dieu seul et soulageaient les pécheurs repentants, les démons étaient chassés et les malades étaient guéris, l'Évangile de Christ est un Évangile de délivrance.
Le résultat d'une telle mission d'évangélisation ne se fit pas attendre, il est dit au *verset 12* qu'hommes et femmes reçurent le baptême.
Philippe était donc un pasteur heureux, il avait du succès dans son ministère, une église locale qui se développait, des miracles à profusion. Il n'avait aucune raison de vouloir laisser sa place à un autre.
Cependant *(verset 14)*, les apôtres réunis en convention pastorale se son penchés sur le cas de l'église de Samarie et décidèrent d'y envoyer deux des leurs : Pierre et Jean.
Comment va réagir Philippe à cette nouvelle ? Lisons *3 Jean 9* :
J'ai écrit quelques mots à l'église; mais Diotrèphe, qui aime à être le premier parmi eux, ne nous reçoit point.
C'est ainsi qu'aurait également réagi Diotrèphe s'il avait été à la place de Philippe :

« Mais de quel droit vont-ils pêcher dans mon étang ! C'est mon église, c'est moi le pasteur, c'est moi qui l'ai ouverte, c'est moi qui ai baptisé tous ses membres, c'est moi qui…, c'est moi qui…, c'est moi qui… »

Fort heureusement, Philippe était vraiment un homme de Dieu, il avait parfaitement compris que cette œuvre qu'il avait ouverte par Sa grâce n'était pas son Église, mais celle du Seigneur Jésus, et qu'Il en disposait comme il voulait. Il acceptera donc, après avoir été le numéro un, de devenir le numéro trois. Peut-être trouverez vous injuste qu'après que Philippe se soit donné la peine de défricher le terrain, deux serviteurs de Dieu reprennent l'œuvre toute préparée, mais Philippe ne pose pas de questions : « J'ai terminé ma mission, j'ai évangélisé cette ville, c'est maintenant au tour de Pierre et de Jean de continuer cette œuvre, afin que ces nouvelles âmes puissent être enseignées et consolidées dans leur foi. »

J'ai planté, Apollos a arrosé, mais Dieu a fait croître, en sorte que ce n'est pas celui qui plante qui est quelque chose, ni celui qui arrose, mais Dieu qui fait croître. Celui qui plante et celui qui arrose sont égaux, et chacun recevra sa propre récompense selon son propre travail. Car nous sommes ouvriers avec Dieu. Vous êtes le champ de Dieu, l'édifice de Dieu.

1 Corinthiens 3:6/9

Le réveil commencé avec Philippe va se poursuivre avec Pierre et Jean.

Que va devenir Philippe ? Réalisant que sa tâche était accomplie à Samarie, il va échafauder des projets : « Ici, je me suis fait la main, maintenant, le Seigneur va certainement me confier une œuvre plus importante, dans une grande ville, à Damas ou à Antioche. Philippe, Pasteur de l'église d'Antioche, ce serait du plus bel effet sur une carte de visite. »

C'est alors qu'un ange de Dieu appelle notre évangéliste :

« – Philippe !

– Me voici, Seigneur !

– Lève-toi.

– Oui, Seigneur !

– Et va…

– Où tu voudras, Seigneur.

– Va du côté du midi…

– Mais ce n'est pas la direction d'Antioche !

– Sur le chemin de Jérusalem à Gaza.

– Celui qui… ?

– Oui, celui qui est désert. »

Philippe a de bonnes raisons d'être déçu : un chemin désert ! N'avez-vous jamais été ainsi dirigés ? Devoir abandonner vos aises pour aller dans un lieu désert ?

Rejoignons justement un homme qui n'avait pas craint d'aller prêcher dans le désert :

Jean parut, baptisant dans le désert, et prêchant le baptême de repentance, pour le pardon des péchés. Tout le pays de Judée et tous les habitants de Jérusalem se rendaient auprès de lui ; et, confessant leurs péchés, ils se faisaient baptiser par lui dans les eaux du Jourdain.

Marc 1:4/5

Jean-Baptiste n'a pas loué le Palais des congrès de Jérusalem pour y organiser sa mission, il allait dans un lieu désert. Et les gens venaient de Jérusalem et de toute la province de Judée pour l'écouter et être baptisés.

Nous raisonnons selon nos plans humains : une église dans chaque chef-lieu de département, cela devrait amplement suffire. Laissons-nous plutôt convaincre que le Seigneur, dans sa grâce peut appeler des prédicateurs au milieu des champs de blé, et y attirer des pécheurs venus de villages ou de vastes fermes où le message de l'Évangile n'a jamais été entendu.

Un pasteur circulait sur une route quand le Seigneur lui dit : « Arrête ta voiture sur le bas-côté et prends ce chemin.

– Mais, Seigneur, il ne mène nulle part, et en plus il y a des orties ! »

Au bout de ce chemin se trouvait une maison délabrée où une femme l'attendait, elle était décidée à accepter le salut, mais Dieu leur avait donné ce rendez-vous dans un lieu désert.

Sa surprise passée, Philippe prend ses bagages et s'engage sur la route de Gaza. Au lieu fixé par Dieu, un homme vient à passez sur un char, un homme de couleur, assis sur son char et lisant dans un rouleau la prophétie *d'Esaïe chapitre 53*. Guidé par l'Esprit-Saint, l'Évangéliste s'approche de lui, reconnaît tout de suite le texte. *« Comprends-tu ce que tu lis ? »* La conversation s'engage. Cet homme est convaincu de péché, sauvé et baptisé, et il rentre dans son lointain pays. Sa mission accomplie en ce lieu, Philippe est alors enlevé et commence un ministère d'évangéliste itinérant. Valait-il la peine de déplacer un pasteur aussi loin pour une seule brebis ? Même quand il s'agit du salut des âmes perdues, on pense parfois à son propre profit. Il s'est converti, tant mieux, mais c'est un étranger, l'église locale ne va pas-même en profiter.

Un vieux pasteur était triste parce qu'il n'avait pas eu un grand ministère ; jamais une conversion, jamais un baptême. « Ah si ! Un dimanche, pensait-il, j'ai baptisé un jeune homme. » Mais il oubliait de préciser que ce jeune homme s'appelait Moody. En gagnant une seule âme à Dieu, ce vieux pasteur en avait, sans le savoir, gagné des milliers.

L'Ethiopien que Philippe avait baptisé était un homme éminent dans son pays. Philippe ne savait pas qu'il était ministre. Sa conversion a provoqué de tels remous, que l'Ethiopie est devenue le premier pays chrétien d'Afrique. Si Philippe avait refusé de quitter son église de Samarie et d'aller sur ce chemin désert, il aurait perdu l'occasion de gagner tout un peuple à Christ. Quel merveilleux ministère de missionnaire le Seigneur lui a donné !

Imaginez que votre église locale ait entrepris une mission d'évangélisation spécialement pour la jeunesse. Elle a investi beaucoup d'argent, distribué des milliers de traités, collé des affiches dans toute la ville, loué le Palais des Sports et offert un billet d'avion à un prédicateur de masses.

Malgré un tel effort, vous n'avez obtenu pour résultat qu'une seule conversion réelle et durable, et ce n'est pas un jeune, c'est une mamie.

Votre pasteur et ses brebis seront déçus. Cette grand-mère a pourtant des enfants et des petits enfants auprès desquels elle pourra témoigner de sa foi. A moyen terme, votre église se remplira, comme vous le souhaitiez, de jeunes gens et de jeunes filles qui témoigneront à leur tour. Si seulement nous faisons confiance au Saint-Esprit !

Nous espérons tant voir un réveil, comme ceux que nous décrit la Parole de Dieu, mais sachons pour cela être honnête envers notre Créateur et accepter sa longue école du désert. Peut-être te sens-tu appelé à prêcher dans le Stade de France. Accepte d'abord d'être le berger d'une seule âme, et ton Seigneur t'en confiera d'autres.

Le vœu de Jephté

Jephthé fit un vœu à l'Eternel, et dit : Si tu livres entre mes mains les fils d'Ammon, quiconque sortira des portes de ma maison au-devant de moi, à mon heureux retour de chez les fils d'Ammon, sera consacré à l'Eternel, et je l'offrirai en holocauste. Jephthé marcha contre les fils d'Ammon, et l'Eternel les livra entre ses mains. Il leur fit éprouver une très grande défaite, depuis Aroër jusque vers Minnith, espace qui renfermait vingt villes, et jusqu'à Abel-Keramim. Et les fils d'Ammon furent humiliés devant les enfants d'Israël. Jephthé retourna dans sa maison à Mitspa. Et voici, sa fille sortit au-devant de lui avec des tambourins et des danses. C'était son unique enfant ; il n'avait point de fils et point d'autre fille. Dès qu'il la vit, il déchira ses vêtements, et dit : Ah ! Ma fille ! Tu me jettes dans l'abattement, tu es au nombre de ceux qui me troublent ! J'ai fait un vœu à l'Eternel, et je ne puis le révoquer. Elle lui dit : Mon père, si tu as fait un vœu à l'Eternel, traite-moi selon ce qui est sorti de ta bouche, maintenant que l'Eternel t'a vengé de tes ennemis, des fils d'Ammon. Et elle dit à son père : Que ceci me soit accordé, laisse-moi libre pendant deux mois ! Je m'en irai, je descendrai dans les montagnes, et je pleurerai ma virginité avec mes compagnes. Il répondit : Va ! Et il la laissa libre pour deux mois. Elle s'en alla avec ses compagnes, et elle pleura sa virginité sur les montagnes. Au bout des deux mois, elle revint vers son père, et il accomplit sur elle le vœu qu'il avait fait. Elle n'avait point connu d'homme. Dès lors s'établit en Israël la coutume que tous les ans les filles d'Israël s'en vont célébrer la fille de Jephthé, le Galaadite, quatre jours par année.

Juges 11.30/40

Nous voici confrontés à l'un des textes les plus difficiles de la parole de Dieu : Jephté fait un vœu à l'Eternel, lui promettant d'offrir en sacrifice la première personne qui se présentera devant lui après sa victoire. Pour son malheur, la personne en question n'est autre que sa propre fille. Jephté a-t-il réellement brûlé sa fille en holocauste ? Ou bien l'a-t-il simplement consacrée au service divin ?

Que nous options pour l'une ou l'autre de ces possibilités, nous nous heurtons à des contradictions.

Je n'ai pas la prétention de vous donner la solution du problème. Je propose néanmoins d'essayer de comprendre ce qui s'est réellement passé et d'en tirer un enseignement positif pour notre vie chrétienne.

Si nous considérons l'histoire des Patriarches, nous constatons que les exemples ne manquent pas et que Jephté a certainement voulu suivre celui de Jacob. Si celui-ci a fait un marché avec Dieu, et si le Seigneur a assuré à Jacob sa protection en échange d'une promesse, pourquoi n'agirait-il pas ainsi avec lui, Jephté ?

Jacob fit un vœu, en disant : Si Dieu est avec moi et me garde pendant ce voyage que je fais, s'il me donne du pain à manger et des habits pour me vêtir, et si je retourne en paix à la maison de mon père, alors l'Eternel sera mon Dieu ; cette pierre, que j'ai dressée pour monument, sera la maison de Dieu ; et je te donnerai la dîme de tout ce que tu me donneras.

Genèse 28.20/22

Faire des vœux à l'Eternel en échange de telle contrepartie, protection, exaucement, victoire, était devenu une pratique courante en Israël. Tellement courante qu'il a fallu que Dieu y fixe des règles.
Voici ce que dit la Torah :

Lorsqu'un homme fera un vœu à l'Eternel, ou un serment pour se lier par un engagement, il ne violera point sa parole, il agira selon tout ce qui est sorti de sa bouche.

Nombres 30.2

Salomon, roi et philosophe, ne s'est-il pas souvenu de Jephté lorsqu'il coucha cette pensée sur le parchemin ?

Prends garde à ton pied, lorsque tu entres dans la maison de Dieu ; approche–toi pour écouter, plutôt que pour offrir le sacrifice des insensés, car ils ne savent pas qu'ils font mal. Ne te presse pas d'ouvrir la bouche, et que ton cœur ne se hâte pas d'exprimer une parole devant Dieu ; car Dieu est au ciel, et toi sur la terre, que tes paroles soient donc peu nombreuses. Car, si les songes naissent de la multitude des occupations, la voix de l'insensé se fait entendre dans la multitude des paroles. Lorsque tu as fait un vœu à Dieu, ne tarde pas à l'accomplir, car il n'aime pas les insensés : accomplis le vœu que tu as fait. Mieux vaut pour toi ne point faire de vœu, que d'en faire un et de ne pas l'accomplir.

Ecclésiaste 5.1/5

Lorsque j'étais jeune dans la vie et jeune dans la foi, les plus anciens me citaient souvent ce passage. C'était leur manière de me dire que mes prières étaient trop longues et que par surcroît, je parlais trop vite et trop fort. Ils avaient d'ailleurs totalement raison. Mais force nous est de constater que Salomon avait un autre enseignement à nous donner dans un autre contexte. Il voulait nous faire prendre conscience du sérieux de notre engagement. Etait-il lui-même agacé par les « modes évangéliques » de son époque - comme celles de la mienne m'agacent quelquefois - et de l'une d'elle en particulier qui consistait à faire de vœux à tout propos pour avoir l'air plus spirituel que son voisin ?

Sortez de l'école maternelle, leur disait l'Ecclésiaste, ne parlez pas sans réfléchir. On ne se moque pas de Dieu. On ne s'engage pas devant lui à la légère. Si vous voulez prononcer un vœu que vous ne pourrez pas tenir, mieux vaut vous taire.
Au risque de vous décevoir, je ne lis pas que des traités de théologie. Je lis aussi Tintin. Or, un jour où le capitaine Haddock se trouvait dans une situation désespérée, il fit un vœu - au dieu Bacchus, je suppose - :
« Si jamais je sors vivant de ce pétrin, je jure de ne plus boire de whisky pendant un an. Euh… Non… Il ne faut tout de même pas exagérer. Un mois ! Non… Un jour… Enfin… une heure, une demi-heure. Voilà, Un quart d'heure, c'est promis. »
Alors pourquoi Jephté (qui bien entendu n'a pas pu connaître Salomon) a-t-il prononcé ce vœu insensé ?
Sans doute, dans la crainte de l'ennemi, voulut-il intéresser Dieu à tout prix à sa victoire et prononça-t-il spontanément ces paroles funestes.
L'histoire profane raconte qu'Idoménée, roi de Crête se trouva un jour surpris pas la tempête alors qu'il naviguait. Il invoqua donc tous les dieux qu'il connaissait : « Si j'échappe au naufrage, leur promis-t-il, je jure de vous offrir en sacrifice la première personne que je rencontrerai en débarquant. » Hélas ! Cette personne fut son propre fils !
Nous comprenons un peu mieux ce qui a poussé Jephté à ces paroles fatales. Comme nous l'avons lu, la fille du Juge sortit de la tente au mauvais moment. C'est donc elle qui devait être sacrifiée.
Est-il possible, à la lumière de la Bible, qu'un serviteur de Dieu ait fait passer sa fille par le feu, comme le fit plus tard l'impie Manassé ? Seules deux réponses sont possibles : Oui ou non.
Commençons par étudier l'interprétation « soft » :
Cette explication, la plus optimiste nous paraît d'emblée la plus logique : La jeune fille n'a pas été brûlée sur l'autel : C'est donc une hyperbole. Mais elle a été contrainte de « renter au couvent », c'est-à-dire : consacrée au culte de l'Eternel. C'était une possibilité tout à fait conforme à la loi de Dieu et nous en avons un exemple fameux avec l'histoire de Samuel :

Aussi je veux le prêter à l'Eternel ; il sera toute sa vie prêté à l'Eternel. Et ils se prosternèrent là devant l'Eternel.
1 Samuel 1.28 version Segond
A mon tour, je veux le consacrer à l'Eternel : pour toute sa vie, il lui sera consacré. Là–dessus, ils se prosternèrent là devant l'Eternel.
1 Samuel 1.28 version Semeur

Aussitôt la mauvaise nouvelle reçue, la jeune fille se résigne : Ce n'est pas si grave que cela. Accorde-moi seulement un délai, afin que j'aille faire, avec mes amies, le deuil de ma virginité.
Et voilà une nouvelle difficulté qui surgit : pourquoi « pleurer ma virginité » ? Si elle doit entrer au sanctuaire, elle renonce évidemment au mariage. La virginité lui reste

donc acquise pour la vie. D'autre part, il serait bien difficile, sans forcer de texte hébreu, de traduire d'une autre manière les mots rendus en français par : « *Je l'offrirai en holocauste* ».
Envisageons maintenant la deuxième explication :
La plus terrible des possibilités : Nous devons comprendre le texte biblique dans son sens littéral : la demoiselle a été offerte en sacrifice comme un mouton.
Cela nous semble impossible. Un juif comme Jephté, craignant Dieu ne peut pas avoir commis une telle abomination. La loi est suffisamment claire :

Tu n'agiras pas ainsi à l'égard de l'Eternel, ton Dieu;car elles (les nations païennes) servaient leurs dieux en faisant toutes les abominations qui sont odieuses à l'Eternel, et même elles brûlaient au feu leurs fils et leurs filles en l'honneur de leurs dieux.

Deutéronome 12.31

Qu'on ne trouve chez toi personne qui fasse passer son fils ou sa fille par le feu.

Deutéronome 18.10

L'histoire biblique nous rappelle le cas d'un roi païen qui s'est rendu détestable en offrant son fils au dieu Kémosch :

Le roi de Moab, voyant qu'il avait le dessous dans le combat, prit avec lui sept cents hommes tirant l'épée pour se frayer un passage jusqu'au roi d'Edom ; mais ils ne purent pas. Il prit alors son fils premier-né, qui devait régner à sa place, et il l'offrit en holocauste sur la muraille. Et une grande indignation s'empara d'Israël, qui s'éloigna du roi de Moab et retourna dans son pays.

2 Rois 3.26/27

Comment Jephté, un pasteur d'Israël, a-t-il pu commettre une faute aussi lourde ? Est-il possible qu'il ait ignoré la parole de Dieu ?
Nous devons, malheureusement, envisager cette possibilité avec le plus grand sérieux. Le parcours spirituel de Jephté est des plus sinueux.
Il faut bien le dire, notre ami, dans sa jeunesse, a mené une vie de patachon. Le début du chapitre 11 nous en donne un aperçu.
Tout avait mal commencé pour lui. Il est né par accident alors que son père Galaad avait fait une escapade avec une aventurière. Galaad avait eu aussi d'autres enfants avec son épouse légitime. Quand les enfants ont grandi, ses demi-frères ont dit à Jephté :
« Fiche le camp sale bâtard. Tu ne fais pas partie de la famille ».
Alors le vilain petit canard s'est enfui de la maison et a rejoint les racailles de banlieue. Avec sa bande de voyous, il a commencé à semer la terreur dans la région.
Puis survint la guerre et l'invasion des ammonites. La famille Galaad se souvint alors de Jephté qui savait se servir d'une épée et qu'il valait mieux avoir comme allié que

comme adversaire. Ils sont donc allés le trouver avec toutes sortes de sourires et de compliments.

Jephté n'était pas dupe de leur hypocrisie, mais il finit par accepter d'être leur chef et de combattre à leurs côtés. C'est ainsi qu'il devint le neuvième juge d'Israël.

Repeignons ce triste tableau dans le contexte historique du livre des Juges. Le peuple élu traversait une période d'obscurantisme d'une remarquable étendue. La situation pouvait se résumer en ces mots :

En ce temps-là, il n'y avait point de roi en Israël. Chacun faisait ce qui lui semblait bon.

Juges 17.6 ; 21.25

Voilà où peuvent conduire l'ignorance de la parole de Dieu associée à une religion sentimentale. Méfions nous des églises dans lesquelles on fait des expériences spirituelles si merveilleuses que l'on n'a plus besoin d'enseignement biblique.

L'auteur et pasteur Harold Hill raconte qu'un jour un homme s'était introduit dans son église. Dès son arrivée, le Saint-Esprit l'avait averti : « Méfie-toi de ce guignol ! » C'était un séducteur, beau parleur, revêtu des neuf dons de l'Esprit et même d'avantage. Rien de comparable avec le minable révérend local qui n'était même pas capable de produire un malheureux miracle de temps en temps.

Et ce qui était à craindre s'est produit. Notre super-héros charismatique a ouvert sa propre boutique en emportant avec lui une majeure partie de l'assemblée de notre frère : chrétiens avides d'expériences nouvelles, ils ont été servis. Le diviseur ne tarda pas à s'établir comme maître incontestable et incontesté. Les relations des adeptes avec le monde extérieur étaient totalement rompues. Ils ne sortaient plus de l'appartement qui leur servait de temple. Excédés par les cris et les manifestations bizarres, les voisins ont finalement alerté les autorités. Les policiers qui ont dû intervenir étaient stupéfaits : les membres de la secte étaient nus, marchaient à quatre pattes et aboyaient comme des chiens.

Revenons à ce noir tableau du sacrifice de la jeune fille, une scène ténébreuse dans laquelle apparaît un rayon du soleil de justice.

A cette terrible situation, il existe une issue de secours : le Créateur connaît vraiment bien le cœur des hommes, leurs pensées, leurs folies, et face à une telle folie, il a prévu une solution :

Parle aux enfants d'Israël, et tu leur diras : Lorsqu'on fera des vœux, s'il s'agit de personnes, elles seront à l'Eternel d'après ton estimation. Si tu as à faire l'estimation d'un homme de vingt à soixante ans, ton estimation sera de cinquante sicles d'argent, selon le sicle du sanctuaire ; si c'est une femme, ton estimation sera de trente sicles.

Lévitique 27.2/4

Je pense personnellement que Jephté a littéralement livré sa fille pour être consumée en sacrifice, bien que je n'en aie aucune certitude théologique. Mais cette mauvaise nouvelle est suivie d'une bonne : La jeune fille avait la possibilité d'être rachetée. Ce terrible événement nous conduit directement à Jésus, celui qui a payé le plus grand prix pour le rachat du pécheur.

Vous savez que ce n'est pas par des choses périssables, par de l'argent ou de l'or, que vous avez été rachetés de la vaine manière de vivre que vous aviez héritée de vos pères, mais par le sang précieux de Christ, comme d'un agneau sans défaut et sans tache ; prédestiné avant la fondation du monde, il fut manifesté à la fin des temps, à cause de vous ; par lui, vous croyez en Dieu qui l'a ressuscité des morts et lui a donné la gloire, en sorte que votre foi et votre espérance reposent sur Dieu.

2 Pierre 1.18/21

Les ténèbres sont brusquement changées en lumière. Laissons nos pensées reposer sur cette merveilleuse vérité de l'Évangile :

Et c'est à cela que vous avez été appelés, parce que Christ aussi a souffert pour vous, vous laissant un exemple, afin que vous suiviez ses traces, Lui qui n'a point commis de péché, Et dans la bouche duquel il ne s'est point trouvé de fraude ; lui qui, injurié, ne rendait point d'injures, maltraité, ne faisait point de menaces, mais s'en remettait à celui qui juge justement ; lui qui a porté lui-même nos péchés en son corps sur le bois, afin que morts aux péchés nous vivions pour la justice ; lui par les meurtrissures duquel vous avez été guéris. Car vous étiez comme des brebis errantes. Mais maintenant vous êtes retournés vers le berger et le gardien de vos âmes.

1 Pierre 2.21/25

Agrandissez votre territoire

"Les fils de Joseph parlèrent à Josué, et dirent : Pourquoi nous as-tu donné en héritage un seul lot, une seule part, tandis que nous formons un peuple nombreux et que l'Eternel nous a bénis jusqu'à présent ? Josué leur dit : Si vous êtes un peuple nombreux, montez à la forêt, et vous l'abattrez pour vous y faire de la place dans le pays des Phéréziens et des Rephaïm, puisque la montagne d'Ephraïm est trop étroite pour vous. Les fils de Joseph dirent : La montagne ne nous suffira pas, et il y a des chars de fer chez tous les Cananéens qui habitent la vallée, chez ceux qui sont à Beth-Schean et dans les villes de son ressort, et chez ceux qui sont dans la vallée de Jizreel. Josué dit à la maison de Joseph, à Ephraïm et à Manassé : Vous êtes un peuple nombreux, et votre force est grande, vous n'aurez pas un simple lot. Mais vous aurez la montagne, car c'est une forêt que vous abattrez et dont les issues seront à vous, et vous chasserez les Cananéens, malgré leurs chars de fer et malgré leur force."

Josué 17.14/18

Enfin l'écurie !

Quel plaisir, après un long et pénible voyage, de retrouver enfin ses chères pénates !

Il faut dire que le voyage des israélites dans le désert n'avait rien d'un voyage organisé. Parce qu'ils ont manqué de foi et ont eu peur des Cananéens qui habitaient le pays, cette entrée en terre promise leur avait été une première fois refusée. Après quarante années de pérégrinations et d'épreuve, ils peuvent enfin pénétrer dans le pays promis.

Le temps n'est cependant pas encore venu d'enfiler les charentaises. Il y a du terrain à défricher, mais il y a surtout des batailles à gagner. Les Cananéens dont la génération précédente avait tant soit peu exagéré la force et la taille, étaient néanmoins présents, et peu enclins à laisser la place au peuple de Dieu. Le livre de Josué nous explique les détails de cette conquête.

Enfin, le pays est gagné, le drapeau est planté. Il faudra maintenant partager le pays en dix provinces qui seront attribuées à chacune des dix tribus d'Israël. Je dis bien dix, et non douze, puisque deux d'entre elles, Gad et Ruben ont décidé de demeurer à l'extérieur.

Sitôt le gâteau cuit, il faut le partager, et c'est là que les problèmes commencent.

Et pourquoi ta part est-elle plus grosse que la mienne ? Il faut se munir d'un rapporteur d'angles et d'un compas pour éviter les jalousies, et plus les convives sont nombreux, plus le partage est difficile. En l'occurrence, dix familles d'Israël vont découper la pizza de Canaan.

Les plus mécontents sont les deux tribus issues de Joseph, c'est-à dire Ephraïm et Manassé.

Ça ne va pas du tout, Josué ! Nous sommes un peuple nombreux, l'Eternel nous a bénis, nous voulons encore nous agrandir, et tu ne nous donne à chacun qu'une toute petite part de rien du tout. Et regarde Juda ! Eux ils ont un bon tiers du pays pour eux tout seuls. Tu veux savoir ce qu'on en pense ? Eh bien ! Tu fais du favoritisme ! Voilà !

Cela me rappelle les conversations que j'entends tous les matins dans les travées de la distribution :

« Ta tournée est plus petite que la mienne !

– Ce n'est pas vrai !

– Regarde mes cases. Elles sont plus pleines que les tiennes. Tu as une tournée de femme enceinte !

– J'ai moins de volume mais plus de kilomètres. J'ai peut-être une tournée de manchot, mais pas d'unijambiste. »

Et nous ? Berger, chien ou brebis de l'Assemblée du Seigneur ? De quel clan sommes-nous ? D'Ephraïm ou de Manassé ? Car ne le nions pas, nous nous sentons souvent lésés dans la part que nous avons reçue. Entre le ministère dont je rêvais à l'école biblique et celui que Dieu m'a donné, la marge est large. Mais j'ai appris à m'en satisfaire.

Et d'abord, pourquoi somme nous une petite église ? Qu'est-ce que le Seigneur attend pour envoyer le réveil ?

Ce ne sont pas les excuses qui manquent :

- D'abord le terrain est trop dur ici.

Trop de catholicisme. Trop d'occultisme dans les campagnes. Trop de ceci, trop de cela …

Sous prétexte que notre vision est limitée, nous pourrions nous autoriser à limiter Dieu. Il ne peut pas intervenir dans notre région. Pourquoi ne nous a-t-il pas envoyé deux cents kilomètres plus au sud ?

- Ensuite la ville est trop petite.

Evidemment ! Dans une agglomération de 6000 habitants, on ne peut pas avoir une église de 10 000 membres comme chez Rick Warren !

C'est vrai, notre foi est souvent proportionnelle aux statistiques.

Paris compte plusieurs centaines d'église de toutes obédiences, mais les petites villes n'ont-elles pas le droit, elles aussi, de compter plusieurs communautés, correspondant à des sensibilités spirituelles différentes ?

En vacances dans les Boutières, je suis descendu un dimanche avec ma famille visiter à Lamastre une église libre. Après le culte, nous avons eu une conversation avec le pasteur : « Dans cette ville de quatre mille habitants, nous disait-il, il y a une église

réformée, une église darbyste, une église pentecôtiste, et enfin nous-mêmes, et tout ces gens s'entendent très bien. »
Ce gros village est-il une exception à la loi du Far West ?
« Cette ville est trop petite pour nous deux, Lucky Luke, dégaine ! »
Revenons au pays de Canaan.
Josué donne une réponse directe aux revendications :
« Vous êtes à l'étroit ? Eh bien ! Vous n'avez qu'à faire de la place.
– Oui, mais comment ?
– Avec une hache. »
J'appartiens à la génération à laquelle on a lavé le cerveau avec le même message : « Il faut à tout prix faire avancer la civilisation industrielle, quitte à bousiller la planète ». On nous a rempli la tête d'un auteur qui abondait dans cette idéologie : André Maurois. Dictée extraite des œuvres d'André Maurois. Rédaction : « Commentez cette phrase d'André Maurois. » Grammaire : « Dans cette phrase d'André Maurois, où se trouve le complément d'objet direct ? »
Sans oublier ces beaux vers d'Alphonse de Lamartine qui ont révolté mon âme d'adolescent, alors que je rêvais de changer le monde :

« La caravane humaine un jour était campée
Dans des forêts bordant une rive escarpée
Et ne pouvant pousser sa route plus avant
Les chênes l'abritaient du soleil et du vent … »

Il fallait absolument que l'humanité poursuive sa route, ce qu'elle n'a pu faire qu'en détruisant la forêt pour construire un pont.
La solution de Josué, elle non plus, n'était pas très écologique : pourtant les forêts d'autrefois n'avaient rien de commun avec celle de Fontainebleau. C'était un espace inutile, mais aussi inculte et dangereux. Non seulement il n'y poussait pas de blé, mais c'est dans la forêt qu'on risquait d'être attaqué par des bêtes féroces ou des brigands.
J'étais il y a peu de temps en République Tchèque où l'on nous a recommandé, si nous nous promenions en forêt, de ne pas nous écarter des chemins balisés. Nous pourrions dans le cas contraire rapporter des tiques qui peuvent provoquer chez l'homme des maladies graves.
Dans notre contexte biblique, la forêt, c'est ce qui freine la croissance du peuple de Dieu.
Qu'est-ce qui empêche l'Église du Seigneur de grandir ?
Commençons par le découragement.
Les israélites ont été découragés par les géants qui peuplaient la terre promise. Ne sommes-nous pas, quelquefois découragés par l'immensité de la tâche à accomplir ?

Toute l'assemblée éleva la voix et poussa des cris, et le peuple pleura pendant la nuit. Tous les enfants d'Israël murmurèrent contre Moïse et Aaron, et toute l'assemblée leur dit : Que ne sommes-nous morts dans le pays d'Egypte, ou que ne sommes-nous morts dans ce désert ! Pourquoi l'Eternel nous fait-il aller dans ce pays, où nous tomberons par l'épée, où nos femmes et nos petits enfants deviendront une proie ? Ne vaut-il pas mieux pour nous retourner en Egypte ? Et ils se dirent l'un à l'autre : Nommons un chef, et retournons en Egypte."

Nombres 14.1/4

Que peut faire une église avec un pasteur découragé ?
Que peut faire un pasteur avec une église découragée ?
Parlons aussi de nos exigences qualitatives.
Il nous arrive d'être des chrétiens difficiles. Nous implorons le Seigneur de nous accorder des âmes nouvelles et parfois souhaitons remplir notre église de chrétiens adultes et sans histoire.
Refuserons-nous l'accès de l'église locale aux « cas sociaux », aux sans abris, à ceux qui ont des problèmes dans leur foyer ? Avons-nous établi dans notre église des filtres et des calibres tellement serrés que même en rentrant le ventre, personne ne passe ? Oublions-nous que nous-mêmes y sommes entrés en y introduisant de pesants fardeaux.
Jésus n'a-t-il pas déchiré les mailles de nos tamis lorsqu'il a réagit ainsi :

On lui amena des petits enfants, afin qu'il les touche. Mais les disciples reprirent ceux qui les amenaient. Jésus, voyant cela, fut indigné, et leur dit : Laissez venir à moi les petits enfants, et ne les en empêchez pas ; car le royaume de Dieu est pour ceux qui leur ressemblent."

Marc 10.13/14

Nous commençons par fabriquer deux cents prospectus, nous les distribuons et nous nous attendons à ce que cet effort soit récompensé par un réveil, mais personne ne vient aux réunions.
« Est-ce que ça vaut la peine de continuer ? »
Lorsque nous serons une grande église, nous aurons des moyens financiers, nous aurons un beau bâtiment, nous aurons des musiciens, nous aurons de belles chaises. Alors, nous pourrons commencer à travailler, nous ferons de l'évangélisation.
Mais si nous ne travaillons pas, comment l'église va-t-elle progresser ?
Fort heureusement, Dieu ne nous demande pas de commencer par nous équiper. Si nous en avons les moyens, nous le ferons pour sa gloire. Si nous n'en avons pas les moyens, le Seigneur utilisera le peu que nous avons et même ce que nous n'avons pas.
Je vous propose une petite expérience musicale : installez-vous conformément dans votre fauteuil, et écoutez la cinquième symphonie de Prokofiev. Je vous garantis que vous verrez un train traverser votre salon à toute vapeur.

Avez-vous déjà vu démarrer un train à vapeur ? Une bielle se met en mouvement. Les roues avancent d'un demi-tour. On a l'impression que le voyage va s'arrêter là, mais la locomotive avance à nouveau d'un demi-tour de roue, puis d'un tour entier. A cette vitesse-là nous serons à Marseille dans six mois, autant y aller à pieds.
Il en est ainsi de la plupart des églises qui démarrent laborieusement. Une fois qu'elles sont lancées, rien ne peut les empêcher de grandir.

Alors il reprit et me dit : C'est ici la parole que l'Eternel adresse à Zorobabel : Ce n'est ni par la puissance ni par la force, mais c'est par mon Esprit, dit l'Eternel des armées. Qui es–tu, grande montagne, devant Zorobabel ? Tu seras aplanie. Il posera la pierre principale au milieu des acclamations : Grâce, grâce pour elle ! La parole de l'Eternel me fut adressée, en ces mots : Les mains de Zorobabel ont fondé cette maison, et ses mains l'achèveront ; et tu sauras que l'Eternel des armées m'a envoyé vers vous. Car ceux qui méprisaient le jour des faibles commencements se réjouiront en voyant le niveau dans la main de Zorobabel. Ces sept sont les yeux de l'Eternel, qui parcourent toute la terre.

Zacharie 4.6/10

Comme nous venons de le dire, la croissance ne se fait pas du jour au lendemain. Une automobile ne peut pas démarrer en cinquième vitesse. Il faut partir en première et au moment opportun, passer la seconde, puis la troisième, et ainsi de suite …
Et si nous avons tellement peur de caler que nous ne passons jamais la seconde… ?
On est bien dans notre petit groupe, c'est sympathique.
Et puis personne ne vient nous ennuyer. Nous ne risquons pas d'introduire des loups dans la bergerie. De plus, on ne peut pas nous accuser de faire du prosélytisme, vu que nous ne faisons pas d'évangélisation.
Démarrez avec un petit noyau présente des avantages, mais s'entêter à rester un petit noyau entraîne bien des problèmes. On s'observe, on focalise sur les défauts de l'autre, on ne se supporte plus.
Je connais sur ma tournée de facteur une maison habitée par un couple âgé. Il n'y a pas de boîte aux lettres, mais la porte est toujours ouverte et je dépose le courrier sur la table. Sur cette table, j'ai aussi découvert de quoi donner un infarctus à Brigitte Bardot : Deux énormes poissons dans un minuscule bocal. Les petits poissons rouges engraissés aux daphnies ont grossi, mais leur espace vital n'a pas suivi l'évolution.
Pourvu que notre église ne ressemble jamais à cet aquarium, ou que le Seigneur me reprenne avant de le voir !
Le pays aurait du être nettoyé des peuples de Canaan avant l'installation du peuple de Dieu, non par simple xénophobie mais parce que ces peuples, qui offraient à leurs idoles des sacrifices humains, risquaient d'initier les Israélites à leurs pratiques monstrueuses. Ce qui s'est d'ailleurs produit, à maintes reprises, dans leur histoire.
Qui sont ces Cananéens qui menacent d'arrêter l'Église, une fois celle-ci en marche ?
D'abord la suffisance :

Nous avons accompli notre mission, nous avons atteint notre objectif.
– Quel objectif ?
– Nous avons un local de cinquante places et le dimanche, toutes les chaises sont occupées. S'il arrivait encore du monde, nous ne saurions plus ou le mettre.
Lorsqu'il a commencé son ministère, le revivaliste coréen Paul Yonggy Cho a pris le tube de rouge à lèvres de sa femme, et il a tracé un 5 sur le miroir de la salle de bain.
« Pourquoi as-tu écrit 5 sur le miroir avec mon rouge à lèvres ?
– C'est mon objectif : Chaque fois que je me rase le matin, je me rappellerai qu'il me faut cinq conversions. »
Et quand il a atteint son objectif, Yonggy Cho a efface son 5, et il a tracé un 10, puis 20, puis 50 …
A partir de 800 000, la courbe a commencé à se stabiliser, mais avouez que 800 000 âmes gagnées à Christ, ce n'est tout de même pas mal !
Le Seigneur Jésus nous a fixé un objectif :

Soyez donc parfaits, comme votre Père céleste est parfait.

Matthieu 5.48

En plaçant la barre aussi haut, Jésus sait très bien que personne ici-bas n'atteindra le but.
Si nous avons une église de cinquante membres, il faudrait en théorie construire une salle de cent places. La vue des chaises vides à chaque culte nous rappellerait que le but est encore bien éloigné.
Ensuite, la baisse de consécration et de vigilance :
Quand nous ouvrons une œuvre nouvelle, l'immensité du travail à accomplir est évidente, puisque rien n'est fait. Tout le monde se mobilise. Lorsque l'église locale est bien implantée, on perd la notion de l'urgence. On a suffisamment travaillé, on a bien le droit de souffler un peu.
Et c'est pratique, quand les hasards de la mobilité nous conduisent dans une ville qui possède une église établie. Il n'y a plus qu'à s'asseoir.
Avez-vous d'ailleurs remarqué que la distance entre l'église mère et l'église fille est toujours plus longue qu'entre l'église fille et l'église mère ?
« On aimerait bien venir vous encourager, mais tout de même, c'est loin ! »
Quand on a le sentiment que les moments les plus difficiles sont derrière nous, il est naturel de baisser un peu la garde. L'ennemi profite naturellement de cette baisse de vigilance pour attaquer. En ce qui concerne les moyens, il ne fait pas preuve d'une grande inventivité.

- Orgueil du responsable spirituel :

« J'ai bâti mon église tout seul. »

- Formation de clans :

« Moi j'aime mieux quand c'est Dédé qui prêche. »

- Introduction de fausses doctrines :

« Dieu a-t-il réellement dit ? »

Ne limitons pas notre vision à notre quartier.

J'ai tenu à ce que notre association ne s'appelle pas « Église évangélique de Châteaudun ». Elle s'est d'abord intitulée « Mission Evangélique de la Vallée du Loir », puis « Mission Protestante Evangélique du Loir et du perche ». Ainsi nous manifestons notre volonté de ne pas restreindre notre vision aux limites administratives de notre commune.

Voici ma vision de la croissance de l'Église pour la France : Je veux y voir autant d'églises que de bistrots.

Ce point de vue ne correspond malheureusement pas à la vision française : On ne veut pas de clocher à moins de cinquante kilomètres du notre ; ça nous fait de l'ombre.

Faut-il alors s'étonner que les américains qualifient la France de « cimetière de missionnaires » ? Faut-il s'étonner que le terrain soit si dur ?

En France, ce n'est pas le terrain qui est dur, c'est le cœur des chrétiens.

Que nous soyons à l'œuvre dans une implantation d'église (défricher la forêt) ou dans une église établie (chasser les cananéens), il est nécessaire d'avoir une bonne vision et surtout de la conserver.

J'ai combattu le bon combat, j'ai achevé la course, j'ai gardé la foi. Désormais, la couronne de justice m'est réservée ; le Seigneur, le juste juge, me la donnera dans ce jour-là, et non seulement à moi, mais encore à tous ceux qui auront aimé son avènement.

2 Timothée 4.7/8

Pentecôte, la venue du Saint-Esprit

C'était le jour de la Pentecôte, un jour de fête pour les disciples de Jésus, un jour de fête aussi pour les juifs qui, rappelons-le, célèbrent alors la fête des premières récoltes, littéralement, d'après le grec : la fête des cinquante jours.

Vous compterez sept semaines entières à partir du lendemain du jour du repos où vous aurez apporté la gerbe destinée à m'être présentée. Vous compterez cinquante jours jusqu'au lendemain du septième jour du repos et, ce jour-là, vous me présenterez une nouvelle offrande. Vous apporterez, des lieux où vous habiterez, deux pains pour faire le geste de présentation avec eux, chacun d'eux sera fait de six kilogrammes de fleur de farine et sera cuit en pâte avec du levain ; ils représenteront les premiers fruits de votre récolte. Avec le pain vous offrirez aussi sept agneaux sans défaut, dans leur première année, un jeune taureau et deux béliers, qui me seront offerts en holocauste, accompagnés de leur offrande et de leur libation. Ce sera un sacrifice consumé par le feu, à l'odeur apaisante pour l'Eternel. Vous offrirez aussi un bouc en sacrifice pour le péché et deux agneaux d'un an en sacrifice de communion. Le prêtre fera avec le pain des premières récoltes le geste de présentation devant l'Eternel. Ils me seront consacrés avec les deux agneaux et reviendront au prêtre. En ce même jour, vous convoquerez le peuple pour qu'il se rassemble afin de me rendre un culte. Vous ne ferez aucune tâche de votre travail habituel ; c'est une ordonnance en vigueur à perpétuité et pour toutes les générations dans tous les lieux où vous habiterez.

Lévitique 23.15/21

Pentecôte est aussi un jour de fête pour les chrétiens, et pour le monde une bonne occasion printanière de prendre deux ou trois jours de vacances.
C'est surtout le jour unique où l'Église de Jésus-Christ a reçu le Saint-Esprit.
Voici les questions sur lesquelles nous voudrions réfléchir aujourd'hui :
- Pourquoi le Saint-Esprit est-il venu ?
- Avons-nous besoin du Saint-Esprit ?

Première partie : Promesses concernant le Saint-Esprit

Nous étudierons d'abord quelques textes de l'Ancien-Testament qui préfigurent cet événement extraordinaire :

- *Moïse l'avait souhaité*

L'Esprit vint également demeurer sur deux hommes qui se trouvaient dans le camp, et qui s'appelaient Eldad et Médad. L'Esprit vint reposer sur eux car ils figuraient parmi les inscrits, bien qu'ils ne se soient pas rendus à la Tente, et, dans le camp, ils se mirent à parler sous l'inspiration de Dieu. Un jeune homme courut avertir Moïse : – Eldad et Médad sont en train de parler sous l'inspiration de Dieu dans le camp ! Alors Josué, fils de Noun, qui était l'assistant de Moïse depuis sa jeunesse, intervint en disant : – Moïse, mon maître, empêche-les de faire cela ! Moïse lui répondit : – Serais-tu jaloux pour moi ? Que l'Eternel, au contraire, accorde son Esprit à tous les membres de son peuple pour qu'ils deviennent tous des prophètes !

Nombres 11.26/29

Nous sommes au désert de Paran, le peuple, excité par le « ramassis d'individu » qui l'avait suivi en *touriste* commence à se plaindre :
La cantine est détestable ici ! Et puis, c'est tous les jours le même menu : Lundi : de la manne, mardi : de la manne, mercredi : de la manne. ...
Plus grave, les israélites commencent à regretter le bon vieux temps : En Egypte, nous étions peut-être enchaînés, mais au mois, nous mangions bien : Il y avait des concombres, des poireaux, de l'ail, des melons, et surtout de la viande.
Et tous s'en vont trouver Moïse : Soit tu nous ramène en Egypte, soit tu nous trouve de la viande.
Nous connaissons la suite de l'histoire : Moïse convoque une cellule de crise. Au cours de ce rassemblement, le Saint-Esprit est répandu sur les soixante-dix participants, ainsi que sur Eldad et Médad qui étaient pourtant excusés. Aussitôt, les uns et les autres se mettent à prophétiser. Ici, pas de langues de feu ni de langues étrangères, mais le Saint-Esprit est en action. Josué, le jeune stagiaire de Moïse ne comprend pas ce qui ce passe : Il faut arrêter ça tout de suite ! Ça ne se fait pas !
J'ai l'habitude d'appeler cet épisode « La Pentecôte de Moïse. »

- *Joël l'avait prophétisé*

Après cela, moi, je répandrai mon Esprit sur tout le monde : vos fils, vos filles prophétiseront. Vos vieillards, par des songes, vos jeunes gens, par des visions, recevront des révélations. Et même sur les serviteurs, sur les servantes, moi, je répandrai mon Esprit en ces jours-là.

Joël 2.28/28 (3.1/2)

Qui pouvait bénéficier du Saint-Esprit au temps où parlait Joël ?
D'abord des hommes choisis par Dieu. Prenons l'exemple de Joseph.

Alors le pharaon leur dit : – Trouverions-nous un homme aussi compétent que celui-ci en qui habite l'Esprit de Dieu ?
Genèse 41.38

Ce privilège était également accordé aux dirigeants : d'abord Moïse, ensuite Josué, qui ne tolérait guère la concurrence en ce domaine :

Josué, fils de Noun, était rempli d'un Esprit de sagesse, car Moïse lui avait imposé les mains. Dès lors, les Israélites lui obéirent et se conformèrent aux ordres que l'Eternel avait donnés à Moïse.
Deutéronome 34.9

Les prophètes de l'Eternel sont bien entendus les premiers servis. Pourrait-on imaginer un prophète sans l'Esprit-Saint ?

Lorsqu'ils eurent passé, Elie dit à Elisée : – Que voudrais-tu que je fasse pour toi ? Demande-le moi avant que je sois enlevé loin de toi. Elisée répondit : – J'aimerais recevoir une double part de ton esprit.
2 Rois 2.9

Examinons aussi le « cas Samson ». Ne craignons pas de l'affirmer : Samson était un enfant de Dieu très charnel. Il n'y avait que deux choses qui l'intéressaient dans la vie : les filles et la baston. Le Seigneur aurait certainement préféré l'oindre de l'Esprit pour en faire un prophète, mais Samson n'avait pas vraiment le profil. Alors il l'a qualifié en fonction de ses compétences : castagneur de l'Eternel. Sa situation nous montre en tous cas que Dieu ne se met pas en peine de nous employer en dépit de nos faiblesses.

Alors l'Esprit de l'Eternel fondit sur lui, il se rendit à Askalon, y tua trente hommes, s'empara de leurs vêtements et donna les habits de rechange à ceux qui lui avaient révélé le sens de la devinette. Il rentra chez lui, bouillant de colère.
Juges 14.19

L'onction du Saint-Esprit était donc limitée à des hommes déterminés pour des durées souvent elles aussi déterminées.
Joël annonce donc une révolution dans le domaine de la spiritualité. Le temps de l'élite aura une fin. L'esprit sera répandu sur tout le monde, ou, comme le traduit Segond : « Sur toute chair ». Sur toutes les catégories :
- Les jeunes et les vieux :

Il n'y a plus de conflit des générations : garçons et jeunes filles, malgré le manque d'expérience lié à la jeunesse, seront les portes paroles de Dieu. Quand aux frères et

sœurs âgés, pas question de les mettre à la retraite, tant qu'ils ont quelque chose à apporter à l'œuvre du Seigneur.
- Les femmes :

Qui oserait dire que le Saint-Esprit est misogyne et que les croyants doivent l'être aussi ? En tout cas, les contemporains de Joël l'étaient sans aucun doute.
- Les serviteurs et les servantes :

Ceux-ci étaient le plus souvent des esclaves, exclus entre les exclus. Certaines étaient des femmes esclaves, et non juives par-dessus le marché !

Jésus l'avait promis

Durant son ministère terrestre, et à diverses reprises, Jésus a invité ses disciples à demander en prière le Saint-Esprit comme un besoin primordial.

Ainsi, moi je vous le dis : Demandez, et vous recevrez ; cherchez, et vous trouverez ; frappez, et l'on vous ouvrira. Car celui qui demande reçoit ; celui qui cherche trouve ; et l'on ouvre à celui qui frappe. Il y a des pères parmi vous. Lequel d'entre vous donnera un serpent à son fils quand celui-ci lui demande un poisson ? Ou encore, s'il demande un œuf, lui donnera-t-il un scorpion ? Si donc, tout mauvais que vous êtes, vous savez donner de bonnes choses à vos enfants, à combien plus forte raison le Père céleste donnera-t-il l'Esprit Saint à ceux qui le lui demandent.

Luc 11.9/12

Le dernier jour de la fête, le jour le plus solennel, Jésus se tint devant la foule et lança à pleine voix : – Si quelqu'un a soif, qu'il vienne à moi, et que celui qui croit en moi boive. Car, comme le dit l'Ecriture, des fleuves d'eau vive jailliront de lui. En disant cela, il faisait allusion à l'Esprit que devaient recevoir plus tard ceux qui croiraient en lui. En effet, à ce moment-là, l'Esprit n'avait pas encore été donné parce que Jésus n'était pas encore entré dans sa gloire.

Jean 7.37/39

De même, lorsque Jésus fut parvenu au terme de sa mission, il pria le Père d'accorder à ses disciples ce don merveilleux.

Si vous m'aimez, vous suivrez mes enseignements. Et moi, je demanderai au Père de vous donner un autre Défenseur de sa cause, afin qu'il reste pour toujours avec vous : c'est l'Esprit de vérité, celui que le monde est incapable de recevoir parce qu'il ne le voit pas et ne le connaît pas. Quant à vous, vous le connaissez, car il demeure auprès de vous, et il sera en vous.

Jean 14.15/17

Se montrant à eux après sa résurrection, Jésus leur accorda le Saint-Esprit promis. Ils ne l'ont pas reçu de façon effective, mais ils ont eu l'assurance de recevoir cet armement indispensable, en l'absence physique su Seigneur, pour continuer son combat.

Tout en disant cela, il leur montra ses mains et son côté. Les disciples furent remplis de joie parce qu'ils voyaient le Seigneur. – Que la paix soit avec vous, leur dit-il de nouveau. Comme mon Père m'a envoyé, moi aussi je vous envoie. Après avoir dit cela, il souffla sur eux et continua : – Recevez l'Esprit Saint. Ceux à qui vous remettrez leurs péchés en seront effectivement tenus quittes ; et ceux à qui vous les retiendrez en resteront chargés.

Jean 20.20/23

Bien entendu, cet Esprit-Saint tant attendu n'est ni un jouet ni un gadget, mais ce revêtement de puissance est accompagné, en contrepartie d'une mission, celle de proclamer l'Évangile, d'abord à Jérusalem, puis dans le monde entier.

Quant à moi, j'enverrai bientôt sur vous ce que mon Père vous a promis. Vous donc, restez ici dans cette ville, jusqu'à ce que vous soyez revêtus de la puissance d'en haut.

Luc 24.29

Mais le Saint-Esprit descendra sur vous : vous recevrez sa puissance et vous serez mes témoins à Jérusalem, dans toute la Judée et la Samarie, et jusqu'au bout du monde.

Actes 1.8

Deuxième partie : le peuple de Dieu reçoit le Saint-Esprit.

Le jour de pentecôte est enfin venu. Sept semaines après la résurrection de Jésus, le Saint-Esprit se manifeste sur les cent-vingt disciples en prière dans la chambre haute. Il ne pouvait pas choisir un moment plus hautement symbolique : Cette fête judaïque nous parle de renouvellement et d'abondance. L'avènement de l'Esprit-Saint dans le corps de Christ se matérialise par trois actions que nous nous proposons d'analyser.

- ***Un vent impétueux :***

Tout d'abord, on entend comme un bruit de tempête. Le Saint-Esprit est dans le vent. Ce n'est pas étonnant puisque l'hébreu « ruach » autant que le grec « pneuma » emploie le mot vent, souffle, pour désigner l'Esprit de Dieu. Jésus, parlant de l'Esprit-Saint nous enseigne sur ce vent qui souffle où il veut et dont on entend le bruit.

Jésus lui répondit : – Vraiment, je te l'assure : à moins de renaître d'en haut, personne ne peut voir le royaume de Dieu.

Jean 3.3

Jésus s'adressait à Nicodème, ce docteur en théologie qui, malgré toute sa science avouait au Seigneur son ignorance totale quant aux choses de l'Esprit : « Il faut que tu naisses de nouveau ». Cette injonction de Jésus ne peut se comprendre que dans l'Esprit de Dieu. Un de mes collègues, qui depuis quelques semaines s'est approché du Seigneur, a commencé à témoigner de sa foi auprès d'un autre collègue et lui a parlé de sa nouvelle naissance.
« Ah ! Bon ? Tu viens d'avoir un deuxième enfant ? »

- ***Des langues de feu***

Ensuite, il y a de quoi être effrayé. On aurait pu croire que la foudre avait frappé la maison. Une colonne de feu s'engouffre dans la chambre haute, puis se partage en langues de feu qui viennent se poser sur chacun des assistants, sans rien brûler.
Cette expérience nous ramène bien sur à la prophétie de Jean-Baptiste concernant le baptême dispensé par le Seigneur.

Moi, je vous baptise dans l'eau, en signe de votre changement de vie. Mais quelqu'un vient après moi : il est bien plus puissant que moi et je ne suis même pas digne de lui enlever les sandales. C'est lui qui vous baptisera dans le Saint-Esprit et le feu.

Matthieu 3/11

Doit-on conclure de ce passage que le baptême de l'Esprit et le baptême de feu soient deux expériences distinctes ? Rien ne nous permet de l'affirmer, mais nous rencontrons quelquefois de la confusion sur ce sujet.
Je mes souviens des paroles de ce vieux cantique :

« Oh ! Viens ! Esprit de Dieu, - Fais-nous sentir ta présence - Revêts-nous de ta puissance - Et baptise-nous de feu. »

Sommes-nous bien certains de vouloir être baptisés de feu. Le feu est évidemment un symbole du Saint-Esprit, mais surtout un symbole d'épreuve, de purification et de jugement.

Ceux qui ont accepté la nouvelle naissance dont parle Jésus à Nicodème, acceptent aussi le baptême de l'Esprit et du feu, de ce feu qui nous purifie et qui nous met à l'épreuve, ce feu du jugement divin. Il ne s'agit pas du jugement dernier car aucun chrétien né de nouveau n'aura la mauvaise surprise d'être envoyé en enfer, mais du jugement qui déterminera notre position dans le royaume céleste.

Dans une parabole bien connue, Jésus nous parle de deux hommes qui ont construit leur maison, l'un sur le roc, l'autre sur le sable. Celui qui a construit sa maison sur le roc, nous l'avons bien compris, à fondé sa vie en Jésus-Christ et recevra de lui la vie éternelle. Quant à l'autre, il à construit la sienne sur un autre fondement : Sur une religion hypocrite ou bien sur le monde. Que sa maison soit construite en paille ou en béton armé, elle ne résistera pas à la tempête du jugement. Il entrera dans l'éternité par la mauvaise porte.

L'apôtre Paul considère cette question sous un angle différent.

Pour ce qui est du fondement, nul ne peut en poser un autre que celui qui est déjà en place, c'est-à-dire Jésus-Christ. Or on peut bâtir sur ce fondement avec de l'or, de l'argent, des pierres précieuses ou du bois, du chaume ou du torchis de paille. Mais le jour du jugement montrera clairement la qualité de l'œuvre de chacun et la rendra évidente. En effet, ce jour sera comme un feu qui éprouvera l'œuvre de chacun pour en révéler la nature. Si la construction édifiée sur le fondement résiste à l'épreuve, son auteur recevra son salaire ; mais si elle est consumée, il en subira les conséquences. Lui, personnellement, sera sauvé, mais tout juste, comme un homme qui réussit à échapper au feu.

1 Corinthiens 3.11/15

Ceux qui ont construit leur maison sur le sable ont été disqualifiés dès la première manche. Restent en lice deux catégories d'architectes. Tous ont construit sur le bon fondement, qui est Jésus-Christ, mais les uns avec des matériaux précieux et solides, les autres avec des matériaux corruptibles ou inflammables. Dans ce cas, ce n'est plus le vent ni la pluie qui vont éprouver et détruire, mais le feu de l'Esprit. Celui qui aura manqué l'épreuve ne sera pas « jeté dans l'étang de feu », il conservera son salut, mais il sera sauvé « in extremis », comme rescapé d'un incendie. Il passera son éternité dans un deux pièces cuisine, alors que le Seigneur aurait souhaité lui livrer un château semblable à celui de Versailles, mais en plus grand.

Voici donc un aspect de l'œuvre du Saint-Esprit : Il met en lumière la véritable consistance de notre foi.

▫ *Ils parlèrent différentes langues*

La troisième manifestation du Saint-Esprit à la Pentecôte, la plus connue et la plus controversée est sans aucun doute le don accordé aux témoins de Christ de s'exprimer dans des langues qu'ils n'ont pas apprises.
Lisons à ce sujet :

Celui qui croira et sera baptisé sera sauvé, mais celui qui ne croira pas sera condamné. Voici les signes miraculeux qui accompagneront ceux qui auront cru : en mon nom, ils chasseront des démons, ils parleront des langues nouvelles, ils saisiront des serpents venimeux, ou s'il leur arrive de boire un poison mortel, cela ne leur causera aucun mal. Ils imposeront les mains à des malades et ceux-ci seront guéris.

Marc 16.17/18

Nous avons un problème avec ce texte : En effet, il est absent d'un certain nombre de manuscrits fiables. Tant qu'on ne m'a pas prouvé par a + b qu'il est apocryphe, je le considère comme inspiré, mais nous devons savoir que tous les critères d'authenticité ne sont pas réunis.
C'est la seule fois, à ma connaissance, que Jésus fait allusion à la possibilité pour les chrétiens de parler des langues étrangères sans les avoir apprises.
Un jeune couple devait partir en mission pour le Burkina Faso et, s'appuyant sur ce texte, prièrent ainsi : « Seigneur, puisque tu nous a promis que nous parlerions de nouvelles langues, donne-nous le Dioula, s'il te pliait, afin que nous n'ayons pas besoin de l'apprendre. » Mais ils ont dû acheter la méthode « Assimil » comme tout le monde.
Remarquons bien qu'il s'agit ici de langues de peuples connus (xénoglossie), et non pas d'un ensemble de syllabes incohérentes (glossolalie). Des pèlerins venant de tout le pourtour méditerranéen affluaient vers le Temple. Certains avaient mal réglé leur traducteur simultané et ne comprenaient rien du tout. Pour eux, les chrétiens avaient un peu forcé sur la dive amphore et baragouinaient n'importe quoi.
Pour notre gouverne, baragouiner vient de deux mots bretons : bara gwin, qui signifient « du pain et du vin ».
D'autres témoins étaient émerveillés. Comment ces autochtones peuvent-il proclamer de telles paroles dans notre langue maternelle ?
Que signifie ce phénomène pour le peuple de Dieu ?
Revenons aux débuts de l'histoire de l'humanité. Celle-ci ne formait qu'un seul pays, la Mésopotamie, et ne parlaient qu'une langue. C'était bien plus pratique. Un jour, ils se sont lancés dans un grand projet immobilier :

A cette époque-là, tous les hommes parlaient la même langue et tenaient le même langage. Lors de leurs migrations depuis le soleil levant, ils découvrirent une vaste plaine dans le pays de Shinéar et ils s'y établirent. Ils se dirent les uns aux autres :
– Allons, moulons des briques et cuisons-les au four. Ainsi ils employèrent les briques

comme pierres et le bitume leur servit de mortier. Puis ils dirent : – Allons, construisons-nous une ville et une tour dont le sommet atteindra jusqu'au ciel, alors notre nom deviendra célèbre et nous ne serons pas disséminés sur l'ensemble de la terre. L'Eternel descendit du ciel pour voir la ville et la tour que les hommes construisaient. Alors il dit : – Voici qu'ils forment un seul peuple parlant tous la même langue, et c'est là ce qu'ils ont entrepris de faire ! Et maintenant, quels que soient les projets qu'ils concevront, rien ne les empêchera de les réaliser. Eh bien, descendons et brouillons leur langage pour qu'ils ne se comprennent plus entre eux ! Et l'Eternel les dissémina loin de là sur toute la terre ; ils cessèrent donc la construction de la ville. C'est pourquoi on l'appela Babel parce que là, l'Eternel avait confondu le langage des hommes de toute la terre, et c'est à partir de là qu'il les a dispersés sur toute la terre.

Genèse 11.1/9

L'orgueil de l'homme, se croyant plus malin que le Créateur a provoqué la confusion des langues et la dispersion des peuples. La confusion des langues entraîne les malentendus et les désordres. Dans ma jeunesse, j'ai perdu mes amis allemands parce que, dans une lettre à l'un d'eux, j'ai employé un mot à mauvais escient. Depuis lors, ils m'ont catalogué comme un individu infréquentable.

Remarquons que les hommes ont essayé de sauver les meubles de Babel par leurs propres moyens. C'est la raison pour laquelle tous les habitants de la planète massacrent l'anglais. Je suis d'ailleurs moi-même très mal placé pour les critiquer. C'est dans l'espoir de rassembler les peuples et d'abolir la guerre qu'on a inventé l'Espéranto, et plus antérieurement, le Volapük.

Seule l'humilité de Christ a pu réunir ce que l'orgueil humain a dispersé. En ce jour glorieux, les peuples ne pouvaient que célébrer ensemble les merveilles de Dieu.

Par ce moyen, le Saint-Esprit nous rappelle aussi la mission de l'Église, qui ne devra plus se limiter au pays d'Israël mais à tous les peuples et à toutes les nations.

Alors Jésus s'approcha d'eux et leur parla ainsi : – J'ai reçu tout pouvoir dans le ciel et sur la terre : allez donc dans le monde entier, faites des disciples parmi tous les peuples, baptisez-les au nom du Père, du Fils et du Saint–Esprit et apprenez-leur à obéir à tout ce que je vous ai prescrit. Et voici : je suis moi–même avec vous chaque jour, jusqu'à la fin du monde.

Matthieu 28.18/20

Troisième partie : Le Saint Esprit agit dans l'Église naissante.

Ceux qui acceptèrent les paroles de Pierre se firent baptiser et, ce jour-là, environ trois mille personnes furent ajoutées au nombre des croyants. Dès lors, ils s'attachaient à écouter assidûment l'enseignement des apôtres, à vivre en communion les uns avec les autres, à rompre le pain et à prier ensemble. Tout le monde était très impressionné, car les apôtres accomplissaient beaucoup de prodiges et de signes miraculeux. Tous les croyants vivaient unis entre eux et partageaient tout ce qu'ils possédaient. Ils vendaient leurs propriétés et leurs biens et répartissaient l'argent entre tous, selon les besoins de chacun. Tous les jours, d'un commun accord, ils se retrouvaient dans la cour du Temple ; ils rompaient le pain dans les maisons, et prenaient leurs repas dans la joie, avec simplicité de cœur. Ils louaient Dieu, et le peuple tout entier leur était favorable. Le Seigneur ajoutait chaque jour à leur communauté ceux qu'il sauvait.

Actes 2.41/47

Les disciples de Jésus ont maintenant inauguré une nouvelle ère de l'histoire, celle de l'Église. Ils sont désormais armés de puissance et équipés pour le service. Ils vont immédiatement bénéficier de ce don merveilleux et en expérimenter l'efficacité.

- **Les apôtres remplis de courage**

Ils étaient terrés dans leur chambre haute. Leur maître les avait quittés, ils étaient donc livrés à eux-mêmes, seuls dans cette ville hostile. Ils n'osaient pas se montrer à l'extérieur. C'était la fête de la pentecôte, les juifs orthodoxes venus de tout l'empire Romain, c'est-à-dire du monde entier, se rassemblaient à Jérusalem. Ce n'était vraiment pas le jour de parler de Jésus sur la voie publique. Mieux valait se montrer discrets.

Et pourtant, le bruit du vent, la lumière du feu, et ces cent vingt hommes qui proclament en diverses langues les merveilles de Dieu, ne pouvaient pas passer inaperçu. Les visiteurs qui passaient levaient les yeux vers le refuge des disciples : « Qu'est-ce qui se passe là-haut ».

Inutile alors de continuer à se cacher et à vouloir se taire : Les disciples ont été découverts. Tout le monde a entendu le message, certains l'ont décrypté, tous ont réagi :

« Ils sont complètement pafs !

– Mais alors, comment se fait-il que des gens du pays puissent ainsi louer l'Eternel dans notre propre langue, et sans aucune faute de grammaire ? »

Pierre n'a rien perdu de ces remarques, il saisit l'occasion pour prendre la parole. Lui, Pierre, certainement le plus peureux de tous, celui qui s'est « dégonflé » en face d'une servante. Il aurait plus que jamais de bonnes raisons d'avoir peur. Rempli de la force et du courage que donne le Saint-Esprit, le voilà lancé :

Alors Pierre se leva entouré des Onze et, d'une voix forte, il dit à la foule :
– Ecoutez-moi bien, vous qui habitez la Judée et vous tous qui séjournez à Jérusalem : comprenez ce qui se passe. Certains d'entre vous insinuent que ces hommes seraient ivres. Pas du tout ! Il est à peine neuf heures du matin !
Vs 14 et 15

Avec quelle assurance et quelle clarté Pierre annonce en un premier sermon le message complet du Salut, et l'apôtre Paul pourra écrire plus tard avec raison :

Dieu nous a donné un Esprit qui, loin de faire de nous des lâches, nous rend forts, aimants et réfléchis. N'aie donc pas honte de rendre témoignage au sujet de notre Seigneur. N'aie pas non plus honte de moi qui suis ici en prison pour sa cause. Au contraire, souffre avec moi pour l'Évangile selon la force que Dieu donne. C'est lui qui nous a sauvés et nous a appelés à mener une vie sainte. Et s'il l'a fait, ce n'est pas à cause de ce que nous avons fait, mais bien parce qu'il en avait librement décidé ainsi, à cause de sa grâce. Cette grâce, il nous l'a donnée de toute éternité en Jésus-Christ. Et maintenant elle a été révélée par la venue de notre Sauveur Jésus-Christ. Il a brisé la puissance de la mort et, par l'Évangile, a fait resplendir la lumière de la vie et de l'immortalité.
2 Timothée 1.7/10

Et encore :

Car je suis fier de l'Évangile : c'est la puissance de Dieu par laquelle il sauve tous ceux qui croient, les Juifs d'abord et aussi les non-Juifs.
Romains 1.16

▪ *Regain d'intérêt pour la parole de Dieu*

La prédication de Pierre a remporté un succès remarquable auprès de ses auditeurs : Trois mille personnes ont accepté de donner leur cœur à Jésus et se sont faites baptiser. La venue du Saint-Esprit a provoqué le plus grand réveil de l'histoire. Immédiatement, les nouveaux convertis prennent la résolution de s'attacher à la parole de Dieu et de se laisser enseigner. Plus encore que la liste impressionnante de nouveaux baptisés, le retour à la parole de Dieu caractérise tout véritable réveil : Souvenons-nous de l'expérience de Josias. Je ne crois plus aux réveils qui se manifestent uniquement par des expériences inédites. Je me méfie des prédicateurs qui montent en chaire sans leur Bible. J'espère voir un réveil en France avant le retour du Seigneur. Alors nous verrons se réaliser les paroles de notre cher poète Victor Hugo : « *Ensemencez les villages d'évangiles: une bible par cabane...* »

▪ *Communion fraternelle*

A cette époque, il n'y avait pas encore de bâtiment consacré qu'on appelait une église, avec e minuscule. Les Chrétiens de Jérusalem se réunissaient soit dans la cour du temple, tant qu'ils en avaient la possibilité, aussi bien que dans les maisons. Je ne crois pas que nous devions pour autant enseigner qu'il n'est pas bon pour l'église locale d'avoir un bâtiment. De nos jours, dans notre pays, il nous paraît préférable d'avoir une « vitrine » pour être plus visibles aux yeux du monde. Mais sur le plan biblique, cela n'a pas d'importance. Nous découvrons que la cène n'était pas distribuée seulement une fois par semaine, ni une fois par mois, ni une fois par an, mais tous les jours. Le premier jour de la semaine, le dimanche, est celui de la résurrection. Ces deux mots son d'ailleurs homonymes en russe. *Actes 20.7* nous laisse penser que l'Église a pris très tôt l'habitude de célébrer un culte particulier en ce jour. Toujours est-il que la parole de Dieu ne donne par d'obligation concernant le jour où les chrétiens doivent se réunir. Aujourd'hui, certaines églises organisent deux cultes, un le samedi soir et l'autre le dimanche matin, voire un seul culte le samedi soir, pour des questions d'ordre pratique : le boulanger travaille le dimanche matin.

Pour celui-ci, tel jour vaut plus qu'un autre ; pour celui-là, ils ont tous la même valeur : à chacun d'avoir une pleine conviction en lui-même. Celui qui fait une distinction entre les jours le fait pour le Seigneur. Celui qui mange le fait aussi pour le Seigneur, puisqu'il remercie Dieu pour sa nourriture. Et celui qui s'abstient de certains aliments le fait encore pour le Seigneur, car lui aussi remercie Dieu.

Romains 14.5/6

Ce qui est important, c'est que les chrétiens vivent ensemble, partagent le pain ensemble, prient ensemble, louent ensemble, chantent ensemble, étudient la Bible ensemble, et ceci malgré leurs divergences, leurs caractères parfois difficilement conciliables, leurs différences sociales, culturelles ou ethniques.

- *Les apôtres accomplissaient des miracles*

Le plus beau réveil de l'histoire est accompagné de miracles. Est-ce que le temps des miracles est passé. Devons-nous croire que le Saint-Esprit nous a laissé pour compte si nous ne vivons pas le miracle au quotidien ? Il est difficile de répondre à ces questions en quelques mots. Je pourrais tout résumer ainsi : Notre Dieu est le Dieu des miracles, mais il ne se donne pas en spectacle.

- *Une action sociale de l'Église*

Les croyants issus de ce réveil étaient extrêmement sensibles aux besoins matériels de leurs prochains, et ils réalisaient aussi la vanité et le superflu des richesses d'en bas. Spontanément, ceux qui avaient deux maisons en vendaient une pour en distribuer le produit aux pauvres. Il est curieux de constater qu'il y a quelques petites décennies encore, beaucoup d'églises se considéraient trop spirituelles pour participer à la vie sociale. On affectait un certain mépris vis-à-vis de l'Armée du Salut, qui distribue de la soupe aux pauvres : « Nous, on distribue la parole de Dieu ! ». Heureusement, les mentalités ont commencé à changer. Engagement social n'est pas incompatible avec engagement spirituel. Ce n'est pas parce que je fais de bonnes œuvres que je suis sauvé, c'est parce que je suis sauvé que je fais de bonnes œuvres.

Supposez qu'un frère ou une sœur manquent de vêtements et n'aient pas tous les jours assez à manger. Et voilà que l'un de vous leur dit : « Au revoir, mes amis, portez-vous bien, restez au chaud et bon appétit », sans leur donner de quoi pourvoir aux besoins de leur corps, à quoi cela sert-il ?

Jacques 2.15/16

◘ *Une Église en pleine croissance*

Et bien entendu, l'Église progressait numériquement. Le Seigneur ajoute chaque jour des âmes nouvelles aux trois mille chrétiens qui, en un seul jour ont formé la première église locale. C'étaient d'abord des juifs, ou bien des prosélytes : des non-juifs convertis au judaïsme. La communauté locale commençait à prendre ses aises à Jérusalem. Il aura fallu une persécution pour qu'elle se décide à essaimer. Ensuite, il aura fallu une intervention surnaturelle du Saint-Esprit pour que les chrétiens répondent à l'ordre de Jésus : « Faites de toutes les nations des disciples. »

Alors que Pierre prononçait ces mots, l'Esprit Saint descendit soudain sur tous ceux qui écoutaient la Parole. Les croyants juifs qui étaient venus avec Pierre furent très étonnés de voir que l'Esprit Saint était aussi donné et répandu sur les non-Juifs. En effet, ils les entendaient parler en différentes langues et célébrer la grandeur de Dieu. Alors Pierre demanda : – Peut-on refuser de baptiser dans l'eau ceux qui ont reçu l'Esprit Saint aussi bien que nous ? Et il donna ordre de les baptiser au nom de Jésus-Christ. Ensuite, ils le prièrent de rester encore quelques jours avec eux.

Actes 10.44/48

Je vous propose maintenant de conclure en nous résumant sur ces trois points :
1. Le plus grand réveil de l'Église n'aurait pu se réaliser sans l'action du Saint-Esprit.
2. Les églises qui ne font plus confiance au Saint-Esprit et à la parole de Dieu sont appelées à décliner et à périr.
3. N'attendons pas du Saint-Esprit des actions qui flattent notre désir de manifestations surnaturelles. Mais demandons-lui la plus extraordinaire des manifestations, celle de transformer les vies.

Table des matières

Avant-propos..1
Hérode et Jean-Baptiste..3
La colère du Fils aîné...9
L'erreur du prophète de Juda..15
Reconstruire avec Aggée..25
La compassion de l'ami..35
Remplis ton carquois..43
Le soldat, l'athlète et le laboureur..47
Berger d'une seule brebis...53
Le vœu de Jephté...59
Agrandissez votre territoire..65
Pentecôte, la venue du Saint-Esprit..73
   Première partie : Promesses concernant le Saint-Esprit................................74
   Deuxième partie : le peuple de Dieu reçoit le Saint-Esprit............................78
   Troisième partie : Le Saint Esprit agit dans l'Église naissante......................82

Oui, je veux morebooks!

i want morebooks!

Buy your books fast and straightforward online - at one of world's fastest growing online book stores! Environmentally sound due to Print-on-Demand technologies.

Buy your books online at
www.get-morebooks.com

Achetez vos livres en ligne, vite et bien, sur l'une des librairies en ligne les plus performantes au monde!
En protégeant nos ressources et notre environnement grâce à l'impression à la demande.

La librairie en ligne pour acheter plus vite
www.morebooks.fr

VDM Verlagsservicegesellschaft mbH
Heinrich-Böcking-Str. 6-8   Telefon: +49 681 3720 174   info@vdm-vsg.de
D - 66121 Saarbrücken   Telefax: +49 681 3720 1749   www.vdm-vsg.de

www.ingramcontent.com/pod-product-compliance
Lightning Source LLC
Chambersburg PA
CBHW022016160426
43197CB00007B/459